사주  냥

정소연 지음

시작하며 ::
나만 모르는 우리 고양이 성격과 재능, 알고 싶다

우리 고양이가 무엇을 생각하는지, 알고 싶다는 생각 많이 하실 겁니다. 우리와 종족이 다른 고양이. 행동 양식도, 표현도 사람과 다르지요. 그래서 우리 인간이 인지하지 못하는 고양이만의 성격이 분명히 존재합니다. 우리에게 보여주지 않을 뿐입니다. 하지만 그런 고양이의 숨겨진 성향이 궁금한 것이 집사입니다.

그런 고양이의 숨겨진 성격과 재능을 알 수 있는 방법이 있을까요?

이 책은 타로와 사주 등의 점술 상담가로 활약 중인 저자가 친구와 대화 중 친구가 물어본 고양이의 사주에서 시작됩니다. '설마 고양이도 사주로 볼 수 있겠어?'라는 웃음 섞인 농담에서 시작했는데, 점차 진지해지던 두 사람. 사주 풀이가 끝났을 때, 친구는 이미 고개만 끄덕이고 있습니다.
"맞아 맞아. 우리 고양이가 그렇지."

그것이 이 책을 쓴 계기를 만들어준 첫 번째 사건이었습니다.

많은 집사분이 고양이와 소통을 하고 싶어 합니다. 하지만 종족의 차이로 항상 그 마음은 어긋나기만 하지요. 이제 걱정하지 않으셔도 됩니다. 이 책과 함께 고양이의 성향과 재능을 알아보도록 하지요.

시작하며 ::

나만 모르는 우리 고양이 성격과 재능, 알고 싶다 | 5

1장 집사는 모르는 고양이의 세계

사람만 운명을 타고나는 것이 아니다 | 12

초보도 고양이의 사주를 볼 수 있을까? | 14

집사는 모르는 고양이의 성향과 숨겨진 재능 | 16

당신과 고양이의 관계를 궁합으로 보다 | 18

2장 고양이 사주 기초 - 이것만 알면 누구나 간단!

고양이의 음양오행 | 22

사주에 쓰이는 글자들 - 천간과 지지 | 26

음양오행의 관계 | 30

고양이의 사주를 찾는 방법 | 34

고양이의 운명의 별 | 37

운명의 자물쇠를 풀기 위해서... | 40

3장 고양이 사주

고양이 사주를 보는 방법 | 52

운명의 별 :: 목성 :: 을 타고난 고양이 | 55

    나무의 고양이 | 58   불의 고양이 | 60   대지의 고양이 | 62

    보석의 고양이 | 64   물의 고양이 | 66

운명의 별 :: 화성 :: 을 타고난 고양이 | 69

    나무의 고양이 | 72   불의 고양이 | 74   대지의 고양이 | 76

    보석의 고양이 | 78   물의 고양이 | 80

운명의 별 :: 토성 :: 을 타고난 고양이 | 83

    나무의 고양이 | 86   불의 고양이 | 88   대지의 고양이 | 90

    보석의 고양이 | 92   물의 고양이 | 94

운명의 별 :: 금성 :: 을 타고난 고양이 | 97

    나무의 고양이 | 100   불의 고양이 | 102   대지의 고양이 | 104

    보석의 고양이 | 106   물의 고양이 | 108

운명의 별 :: 수성 :: 을 타고난 고양이 | 111

    나무의 고양이 | 114   불의 고양이 | 116   대지의 고양이 | 118

    보석의 고양이 | 120   물의 고양이 | 122

Tip. 경우의 수로 보는 사주 | 124

4장 고양이와 집사의 궁합

고양이와 집사 궁합 첫 단계. 우리는 서로를 이롭게 한다? | 134

운명의 별이여, 우리 사이를 축복해주세요 | 136

집사와 나무의 고양이 | 140

집사와 불의 고양이 | 148

집사와 대지의 고양이 | 156

집사와 보석의 고양이 | 164

집사와 물의 고양이 | 172

5장 고양이 사주 예제

고양이 사주 예제 | 181

마치며 :: 이젠 나도 우리 고양이를 알고 있다 | 188

1장
집사는 모르는 고양이의 세계

사람만 운명을 타고나는 것이 아니다

 사주를 보신 적이 있나요? 사주라는 것은 그 사람이 타고난 운명을 보는 기예입니다. 그 사람이 타고난 성향과 잠재된 능력, 앞으로 일어날 가능성이 높은 사건들, 그 사람에게 정체되어 있는 에너지, 좋은 점과 안 좋은 점 등을 볼 수 있습니다.

 사주는 엄마 배 속에서 있을 때부터 결정되는 것이 아니라 처음으로 세상에 나와 첫 공기를 마셨을 때 결정이 됩니다. 즉 태어난 순간의 시각이 그 사람의 운명을 결정짓습니다. 사주를 미신이라고 생각하며 경시하는 분도 있습니다. 그런데 정말 신기하게도 그런 분일수록 사주대로 살고 있습니다. 사주는 자신의 운명이 진행할 경로를 아스라이 보여줍니다. 그 경로를 안다는 것은 자신의 운명을 더 좋은 방향으로 이끌어 줄 수 있습니다. 덤으로 자신이 무엇을 하고 싶을지 모를 때, 자신이 무엇을 잘하는지 모를 때, 사주는 정말 큰 힘을 줍니다.

그런데 고양이는 어떨까요?

고양이도 분명 세상에 태어나 첫 호흡을 합니다. 그들에게도 분명 태어난 순간의 음양오행이 사주를 결정해줄 것입니다. 물론 고양이와 인간은 엄연히 다른 종족입니다. 따라서 사주도 고양이에게 적용할 때는 조금 다릅니다. 하지만 분명한 것은 고양이에게도 운명이 존재하며, 그 운명을 사주로 볼 수 있다는 것입니다.

고양이가 타고난 음양오행에 의해 고양이의 성향이 결정되고, 고양이의 잠재된 재능이 생겨납니다. 어쩌면 타고난 음양오행에 의해 결정된 것이 아니라 그런 성향과 재능이기 때문에 그 순간 태어나는 것일 수도 있습니다. 어느 쪽이 진실인지는 아직도 많은 운명론자가 고민하는 부분이니 이 부분에 대해서는 넘어가도록 합시다.

중요한 건 고양이에게도 운명이 있다는 것입니다.

초보도 고양이의 사주를 볼 수 있을까?

사주를 공부하는 것은 매우 어려운 일입니다. 외워야 하는 것들이 많고, 배워야 할 이론도 많습니다. 사주를 배워서 다른 사람의 사주를 보려면 최소 몇 년을 공부해야 가능한 일입니다. 그 부분에서 많은 고민을 했습니다. 사주에 대해 아무것도 모르는 분도 이 책을 보고 고양이 사주를 볼 수 있을까에 대해 많은 고민을 하고, 저에게 사주를 가르쳐주신 선생님과도 많은 상담을 했습니다.

그 결과 사주를 전혀 모르는 분들도 쉽게 고양이 사주를 볼 수 있는 책이 완성되었습니다. 사주를 공부해보지 않은 분들도 누구나 쉽게 고양이 사주를 볼 수 있게 구성되어 있습니다.

사주가 어려운 것은 사실이지만, 이 책에서는 쉽게 풀어 설명합니다. 현대적이고 세련된 언어로 다듬어진 고양이 사주라면 누구나 쉽게 사주의 세계에 입문할 수 있습니다. 두려워하지 마세요. 당신이 진정한 집사라면 고양이의 숨겨진 성격과 재능을 사주로 알 기회입니다. 당신이 노력한 만큼 당신과 고양이 사이의 관계도 가까워질 것입니다.

집사는 모르는 고양이의 성향과 숨겨진 재능

당신은 자신에 대해 얼마나 알고 있나요? 뜻밖에 자기 자신에 대해 모르는 분들이 많이 있습니다. 자신이 타고난 재능에 대해서는 말할 것도 없고, 자신의 성향에 대해서도 잘 모르는 분들이 매우 많습니다. 사주를 보고 나서야 자신의 타고난 재능과 숨겨진 성향에 대해 눈치채는 분들이 많습니다. 의외로 자신이 사람을 잘 믿는다던가, 상황을 냉정하게 판단하는 차가운 사람이라던가. 자기 자신에 대해 모르는 분들이 참 많습니다.

고양이도 마찬가지예요. 당신이 보는 모습은 고양이 일부분에 불과합니다. 진짜 고양이의 성향은 꼭꼭 숨겨져 있는 경우가 많습니다. 정말 우리 고양이가 집사를 좋아하는지. 좋아하는데 표현을 잘 못 하는 것인지. 아니면 나를 정말 하인으로 생각하고 있는 것인지. 다른 고양이와 사이좋게 지내는 것을 좋아하는 아이인지, 아니면 혼자 있는 것을 좋아하는 아이인지. 오랜 시간같이 하면 알게 되는 부분도 있지만, 영원히 미스터리인 부분들도 있습니다.

  고양이는 야생의 본능이 강하기 때문에, 사주의 타고난 성향을 그대로 살아갑니다. 하지만 그 성향을 다 보여주진 않습니다. 보여준다고 해도 우리가 이해할 수 없는 범위에서 보여주는 경우도 많습니다. 그만큼 종족의 차이는 큰 것입니다. 고양이가 당신을 진심으로 사랑하고 있어도 행동양식이 다르므로 우리는 그것을 이해하지 못할 수도 있습니다. 매우 안타까운 경우지요. 이런 경우 애니멀 커뮤니케이션을 해본다면 그 오해가 풀릴 수도 있습니다.

  사주로 고양이의 성향과 숨겨진 재능을 알고 있다면, 이런 오해를 하지 않고 서로 진실한 소통을 하도록 도와줄 것입니다.

당신과 고양이의 관계를 궁합으로 보다

 고양이를 입양하고 나서 운이 더 좋아진 사람이나, 나빠진 사람의 이야기 들어보신 적이 있으신가요? 고양이라는 새 가족이 생긴다는 것은 당신의 인생에 큰 사건입니다. 이런 큰 사건은 당신의 인생에 좋든 나쁘든 큰 영향을 미칩니다. 그 영향력은 당신과 고양이 사이의 궁합을 보면 알 수 있습니다.

 '고작 고양이 입양이 영향을 미친다고?' 라고 생각하신다면 큰 잘못입니다. 고양이는 당신의 가족입니다. 당신이 아니라 당신의 가족이 고양이를 입양해서 고양이와 함께 살게 된다고 해도 분명 당신에게 그 영향이 옵니다.

 가장 좋은 것은 고양이 입양이 좋은 일로 작용해서 당신의 운을 더 좋게 만들어주는 것입니다. 막힌 운이 고양이를 만나 꽃을 피우듯 좋은 방향으로 일이 진행됩니다. 이런 경우 당신이 진행하고 싶었지만, 그 방법이 없어 막혀있던 일이 갑자기 잘 진행되거나 하는 일이 일어납니다. 혹은 인간관계에 변화가 일어나기도 합니다. 고양이가 당신에게 필요한 사람을 끌어당겨 주는 경우도 있습니다. 고양이가 장난치다 보낸 카카오톡 메시지 하나로 좋아하는 사람과 이어진 케이스도 있습니다.

하지만 궁합이 맞지 않으면? 왠지 모르게 당신이 진행하려는 일이 다 버벅거리고, 무산되는 경우가 생기기도 합니다. 인간관계에서 안 좋은 일이 발생하기도 합니다. 안타깝게도 고양이 입양이 당신에게 안 좋은 영향을 미친 경우입니다. 이 경우 그럼 고양이를 다른 곳으로 입양 보내야 할까요? 아닙니다. 고작 이런 이유로 당신의 가족인 고양이를 다른 곳으로 보내는 것은 너무한 처사입니다. 이런 분들을 위해 두 분의 궁합을 좋은 방향으로 인도하는 방법을 소개할 것입니다.

이제 이 책을 통해 알 수 있는 부분에 대한 설명을 모두 마쳤습니다. 그럼 본격적으로 고양이의 사주를 보기 위한 준비를 시작하도록 합시다.

2장
고양이 사주 기초
- 이것만 알면 누구나 간단!

고양이의 음양오행

사주를 보기 위해서는 일단 음양오행(陰陽五行)에 대해서 알고 있어야 합니다. 사주 초보분들을 위해 쉽고 세련된 현대적인 언어로 설명합니다. 너무 어려운 이론은 말하지 않습니다. 긴장하지 마시고 지금부터 차근차근 사주의 기초에 대해서 알아보겠습니다.

음양이란 우주 만물을 형성하는 에너지입니다. 그리고 우주 만물을 구성하는 다섯 가지 요소를 오행이라고 합니다. 우리 조상들은 이 세계를 음양과 오행으로 구성된 세상으로 보았습니다. 그래서 태어난 순간의 그 사람의 사주를 보고 그 사람을 구성하는 음양오행의 에너지를 파악해서 그 사람의 삶과 재능과 성격을 점쳤던 것입니다.

음양오행의 개념에 대해서는 자세히는 몰라도 많이 들어보셨을 것입니다. 음양은 음(陰)과 양(陽). (-)와 (+)의 개념과 비슷합니다. 오행은 목(木), 화(火), 토(土), 금(金), 수(水)의 다섯 가지 원소를 나타냅니다. 정확하게는 몰라도 많이 들어본 말입니다.

음양에서 음(陰)은 (-)와 비슷한 느낌입니다. 내향적이고 내면에 더 가치를 두는 에너지입니다.

음양에서 양(陽)은 (+)와 비슷한 느낌입니다. 외향적이고, 외부에 더 가치를 두는 에너지입니다.

　오행에서 목(木)은 나무를 나타냅니다. 나무는 뻗어 나가는 기운입니다. 봄이 와서 식물이 자라나는 것처럼 뻗치는 기운이라고 합니다. 친화성이 강하고, 한 가지 목표를 정하면 목표를 향해 추진해가는 에너지입니다.

　오행에서 화(火)는 불을 나타냅니다. 불은 한여름의 태양을 나타내기도 합니다. 모든 것을 크게 키우는 힘입니다. 때로 극단적으로 행동할 때는 성급함을 나타내기도 합니다. 불은 어둠 속에 있던 것이 환하게 드러나게 합니다. 무언가를 드러내고 보이는 것에 특화된 에너지이기도 합니다.

오행에서 토(土)는 대지와 흙을 나타냅니다. 대지는 생명을 키우는 토대가 됩니다. 포용하고 키워주는 어머니 대지의 힘을 나타냅니다. 큰 대지는 함부로 움직이지 않습니다. 따라서 토의 기운은 신중함과 거대함을 나타냅니다.

오행에서 금(金)은 금속과 보석을 나타냅니다. 또한, 가을을 나타냅니다. 가을에는 열매가 영글고 곡식이 무르익는 시기입니다. 그 시기에는 수확을 해야 합니다. 따라서 결단과 선택을 나타냅니다.

오행에서 수(水)는 물을 나타냅니다. 물은 흐르는 에너지입니다. 자연에 수긍하고 흐름을 따라 흘러갑니다. 또한, 물은 겨울을 나타냅니다. 물의 에너지는 흘러가는 것에 특화되어 있으므로 상황과 마음을 읽는 에너지이기도 합니다.

이것이 사주의 가장 기본이 되는 개념입니다. 사주에서는 쓰이는 글자는 총 22글자가 있습니다. 천간(天干) 10글자와 지지(地支) 12글자입니다. 이 글자에는 각각 음양과 오행이 숨어있습니다.

이 글자들에게 어떤 오행이 숨어있는지 알아볼까요?

사주에 쓰이는 글자들 - 천간과 지지

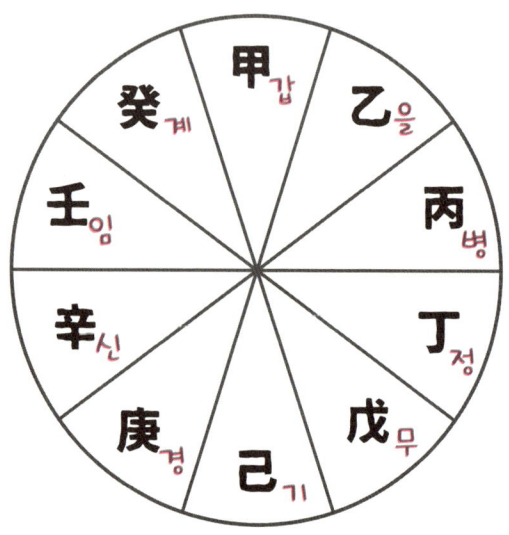

천간이란 갑(甲)·을(乙)·병(丙)·정(丁)·무(戊)·기(己)·경(庚)·신(辛)·임(壬)·계(癸) 10글자를 나타내며, 10개의 글자이므로 십간(十干)이라고 부르기도 합니다. 하늘의 별을 의미하기도 합니다.

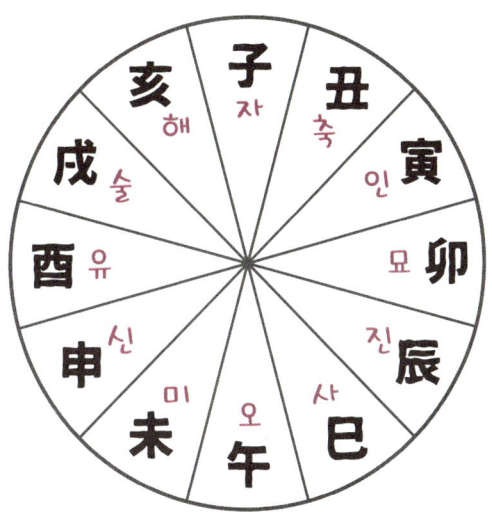

 지지란 자(子)·축(丑)·인(寅)·묘(卯)·진(辰)·사(巳)·오(午)·미(未)·신(申)·유(酉)·술(戌)·해(亥)의 12글자를 나타내며, 12개의 글자이므로 십이지지(十二地支)라고 합니다. 12가지 동물을 나타냅니다.

 천간은 갑을 관계라는 말에서 많이 들어보셨을 것이고, 지지는 사람들이 자신이 태어난 년도로 띠를 말할 때 들어보셨을 것입니다.

 이 부분은 사주가 처음이신 분들께는 매우 어렵게 느껴질 수도 있습니다. 세상에 이런 개념이 있다는 정도로만 알고 넘어가셔도 충분히 이해할 수 있도록 구성된 책이므로,

이 부분은 적당히 읽어주세요.

천간	갑甲	을乙	병丙	정丁	무戊	기己	경庚	신辛	임壬	계癸
오행	목木	목木	화火	화火	토土	토土	금金	금金	수水	수水

『 천간-오행 대응표 』

지지	자子	축丑	인寅	묘卯	진辰	사巳	오午	미未	신申	유酉	술戌	해亥
오행	수水	토土	목木	목木	토土	화火	화火	토土	금金	금金	토土	수水

『 지지-오행 대응표 』

이런 식으로 각 글자에는 오행이 숨겨져 있습니다. 이 책에서는 글자에 숨겨진 오행을 적극적으로 사용해 사주를 볼 것입니다. 그렇다면 이 글자의 오행을 다 외워야 하는 걸까요?

옛날이라면 이런 글자들을 다 외우지 않으면 사주를 보는 것이 아예 불가능했습니다. 하지만 우리는 이제 스마트한 시대를 살고 있습니다. 각종 웹사이트나 사주보는 프로그램, 그리고 스마트폰의 앱을 사용하면 쉽게 각 글자의 오행을 알 수 있습니다.

따라서 이 내용은 한번 읽어보는 것만으로도 충분합니다. 나머지는 사주 프로그램이나 사주 앱이 알아서 찾아줄 것입니다.

다음으로 음양오행의 관계를 알아보도록 하죠.

음양오행의 관계

 우주 만물을 구성하는 오행의 에너지 사이에는 특별한 관계가 존재합니다. 어떤 에너지는 다른 에너지를 강하게 하고, 어떤 에너지는 다른 에너지를 약하게 만듭니다. 이런 관계를 오행의 상생상극(相生相剋) 작용이라고 합니다.

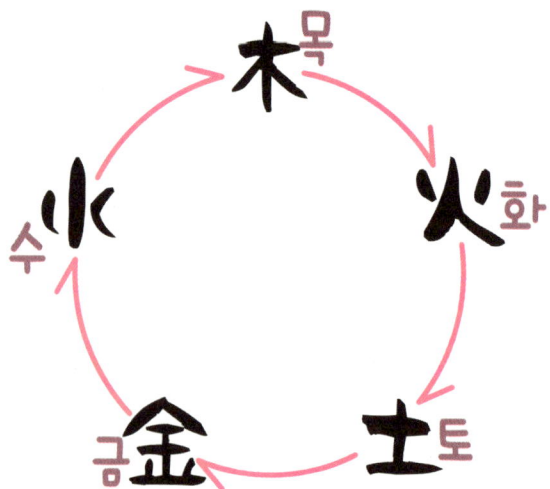

오행의 상생(相生)

목생화(木生火) : 목(나무)의 기운은 화(불)의 기운이 살아나도록 도와줍니다.

화생토(火生土) : 화(불)의 기운은 토(땅)의 기운이 살아나도록 도와줍니다.

토생금(土生金) : 토(땅)의 기운은 금(금속)의 기운이 살아나도록 도와줍니다.

금생수(金生水) : 금(금속)의 기운은 수(물)의 기운이 살아나도록 도와줍니다.

수생목(水生木) : 수(물)의 기운은 목(나무)의 기운이 살아나도록 도와줍니다.

이렇게 한 오행 에너지가 다른 오행 에너지를 도와주는 관계를 오행의 상생이라고 합니다. 반대로 약하게 만드는 관계도 있습니다.

오행의 상극(相剋)

목극토(木剋土) : 목(나무)의 기운은 토(땅)의 기운을 약하게 합니다.

토극수(土剋水) : 토(땅)의 기운은 수(물)의 기운을 약하게 합니다.

수극화(水剋火) : 수(물)의 기운은 화(불)의 기운을 약하게 합니다.

화극금(火剋金) : 화(불)의 기운은 금(금속)의 기운을 약하게 합니다.

금극목(金剋木) : 금(금속)의 기운은 목(나무)의 기운을 약하게 합니다.

이런 관계를 오행의 상극이라고 합니다. 이렇게 오행의 기운끼리 때로는 다른 오행의 기운을 도와주기도, 약하게 하기도 하는 복잡한 관계를 이루고 있습니다. 사주가 어려운 것은 이 복잡한 관계를 어떻게 해석하는가에 대한 이론이 어렵기 때문입니다. 이 책에서는 최대한 쉽게 다룰 것이지만, 여러분이 본격적으로 사주를 공부하고 싶다면 10년 정도는 훌쩍 지나갈 정도로 방대한 내용입니다.

고양이의 사주를 찾는 방법

사주를 보기 위해서는 태어난 날짜와 시간을 정확하게 알고 있어야 합니다. 사주는 2시간 단위로 바뀌므로 적어도 태어난 시간대라도 알고 있어야 합니다. 집사 본인의 사주라면 부모님께 물어보면 자신이 태어난 시각을 알 수 있습니다. 그런데 고양이라면…?

뜻밖에 고양이의 생일은 알아도 태어난 시각을 모르시는 분들이 꽤 있습니다. 태어난 시각을 모른다면 사주를 볼 수 없습니다. 아예 고양이의 정확한 생일을 모르는 분들도 있습니다. 이런 고양이는 사주를 보는 것이 아예 불가능할까요?

아니요. 방법이 있습니다. 이 방법을 사용하면 고양이의 정확한 생일을 모르거나, 태어난 시각을 몰라도 사주를 볼 수 있습니다.

집사분들이라면 누구나 자신의 고양이를 데려온 날을 기억하실 것입니다. 혹은 데려온 날 같이 있었던 가족이나 친구분이 고양이를 데려온 날을 상당히 정확하게 기억하고 계십니다. 처음 고양이와 만났을 때의 감동은, 그 고양이가 첫 번째 고양이가 아니라 둘째나 셋째라도 해도 모두 특별합니다. 고양이와 만난 순간의 느낌과 더불어 그때의 풍경이나 날짜와 시각까지 모두 기억하는 분들이 많습니다.

이 순간이 고양이의 두 번째 생일이 됩니다. 고양이의 운명은 어떤 집사를 만나는가에 의해 크게 달라집니다. 어떤 집사를 만나느냐에 따라서 고양이의 인생의 흐름이 크게 바뀌지요. 그러므로 집사와 만난 순간이 고양이의 제2의 생일이 됩니다. 만약 고양이의 생일을 정확히 모른다면, 고양이를 데려온 그 순간을 고양이의 생일로 생각하셔도 무방합니다.

이제 고양이의 생일 또는 고양이를 집에 데려온 순간인 제2의 생일을 알고 있다는 전제 아래 고양이의 사주를 보도록 하겠습니다.

스마트폰의 앱 중에 "사주"로 검색하거나, 인터넷상에

"사주"로 검색합니다. 생일을 입력하면 사주를 알려주는 앱이나 프로그램이 많이 있습니다. 제가 주로 사용하는 스마트폰 앱은 도사폰입니다. 유료든 무료든 상관없으니 그런 앱을 내려받거나 사이트에 들어가서 고양이가 태어난 생일의 년도와 월, 일, 그리고 시간을 입력합니다.

그러면 고양이의 사주가 나옵니다. 만약 집사와 고양이의 궁합을 보고 싶다면, 집사의 사주도 마찬가지 방식으로 입력해서 찾도록 합니다. 궁합은 고양이와 집사 둘의 사주를 고려해야 하므로 단순히 사주를 보는 것보다 어렵습니다. 일단은 차근차근 고양이의 사주부터 분석해나가도록 하겠습니다.

고양이의 운명의 별

고양이의 사주를 분석하기 위한 첫 단계는 바로 고양이가 타고난 운명의 별을 찾는 것입니다. 어려운 사주 용어로 표현하면, 고양이가 태어난 일의 천간, 즉 일간(日干)을 살펴본다고 합니다. 하지만 이 책에서는 그런 어려운 말 대신 고양이의 운명의 별이라는 말을 쓸 것입니다. 어려워할 것 없습니다. 다음 그림을 보도록 합시다.

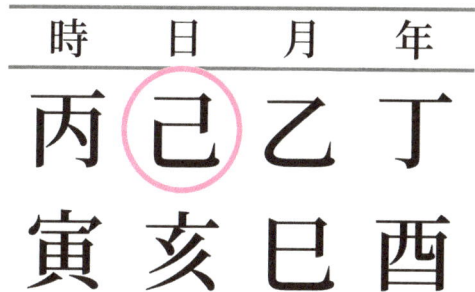

사주 앱이나 프로그램을 사용해서 태어날 생일과 시간을 입력하면 위와 같이 나타납니다. 위에서 바로 동그라미 친 글자. 그 글자가 고양이의 운명의 별을 나타냅니다. 앞에서 배운 갑, 을, 병, 정, 무, 기, 경, 신, 임, 계 10 글자 중 하나의 글자를 가지게 됩니다. 이 글자들이 가지는 오행에 대해서는 이미 설명을 했습니다.

천간	갑甲	을乙	병丙	정丁	무戊	기己	경庚	신辛	임壬	계癸
오행	목木	목木	화火	화火	토土	토土	금金	금金	수水	수水

『 천간-오행 대응표 』

혹시 잊은 분들을 위해 다시 표를 봅니다. 이제 동그라미 친 글자의 오행이 무엇인지 알 수 있게 되었습니다. 만약 이 글자의 오행이 목이라면, 고양이의 운명의 별은 목성입니다. 만약 이 글자의 오행이 화라면, 고양이의 운명의 별은 화성입니다. 만약 이 글자의 오행이 토라면, 고양이의 운명의 별은 토성입니다. 만약 이 글자의 오행이 금이라면, 고양이의 운명의 별은 금성입니다. 만약 이 글자의 오행이 수라면, 고양이의 운명의 별은 수성입니다.

천간	갑甲	을乙	병丙	정丁	무戊	기己	경庚	신辛	임壬	계癸
오행	목木		화火		토土		금金		수水	
운명의 별	목성		화성		토성		금성		수성	

『 천간-오행-운명의 별 대응표 』

고양이의 운명의 별을 아는 것은 사주 풀이에서 가장 중요합니다. 왜냐하면, 앞으로 이 운명의 별을 열쇠로 써서, 고양이가 타고난 성격과 재능을 풀어갈 예정이니까요. 어떤 운명의 별을 타고나느냐에 따라 고양이가 타고나는 기본적인 성향이 달라집니다. 물론 이것은 사람에게도 적용되는 것입니다. 이 책은 고양이의 사주를 보는 데 초점을 맞췄지만, 본래 사주 이론은 사람의 운명을 읽기 위해 발전된 것입니다. 만약 여러분이 이 책을 읽고 사주에 관심을 가지게 된다면 기쁠 것입니다.

이렇게 고양이의 운명의 별을 찾는 것까지 마쳤습니다. 이제 운명을 읽을 가장 중요한 열쇠를 손에 쥔 상태입니다. 이 열쇠를 어떻게 사용하는지 차근차근 알려드리겠습니다.

운명의 자물쇠를 풀기 위해서…

　운명의 별을 찾는 것은 운명의 자물쇠를 풀기 위한 첫 단계입니다. 도대체 운명의 자물쇠가 무엇이길래, 운명의 별을 찾는 과정이 필요했는지, 지금부터 설명하겠습니다.
　사주에서는 자신이 타고난 운명의 별이 어떤 별인가에 따라, 운명의 별과 같은 오행과 다른 오행 사이의 관계가 결정됩니다.

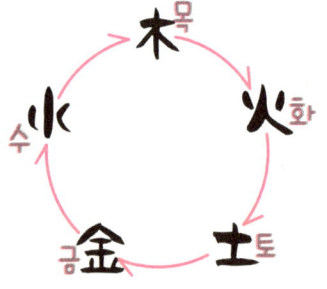

『 오행의 상생 』

『 오행의 상극 』

각각의 오행 사이에는 한쪽이 다른 한쪽을 도와주는 관계와 한쪽이 다른 한쪽을 공격하는 관계가 있습니다. 이런 오행 사이의 역동성이 운명의 별과 화학작용을 일으킵니다. 그 결과 각각의 오행이 가진 역할이 정해집니다.

오행이 5가지가 있고, 그에 따른 5가지 역할이 있습니다. 다음은 오행의 특성에 맞춰 고양이의 성격을 5가지로 분류해 놓은 것입니다.

1. 독립성

독립성이란 혼자서도 잘 노는 고양이 성격을 나타냅니다. 집사가 있든 말든, 장난감으로 놀아주는 사람이 있든 말든, 놀고 싶을 때 혼자서 잘 노는 독립적인 성향을 나타냅니다. 이 성향이 강할수록 집사의 존재는 밥 주는 사람, 화장실 치워주는 사람이고, 고양이는 혼자 놀기만 합니다. 집사가 외로워집니다. 집사를 자신과 같은 동족 고양이 친구라고 생각하고 있을 가능성이 높습니다.

오행으로 보면, 운명의 별과 같은 오행이 이 성격을 가집니다. 사주 용어로는 비겁(比劫)이라고 합니다. 비겁하다는 뜻의 비겁이 아니라, 비견(比肩)과 겁재(劫財)라는 용어를 하나로 합친 말입니다.

2. 표현력

  표현력이란 자신이 원하는 바를 정확하게 표현하는 고양이 성격을 나타냅니다. 배고프거나, 놀고 싶을 때나, 화장실을 치워달라는 등 자신의 요구를 잘 표현하기 때문에 집사 입장에서는 고양이가 무엇을 원하는지 잘 알 수 있습니다. 다만 인내심과는 거리가 멀기 때문에 고양이가 무엇을 원하는지는 알겠지만, 집사는 고달파집니다.

  오행으로 보면, 운명의 별이 도와주는 오행이 이 성격을 가집니다. 사주 용어로는 식상(食傷)이라고 합니다. 식상하다는 뜻이 아니라, 식신(食神)과 상관(傷官)이라는 용어를 하나로 합친 말입니다.

3. 통솔력

 개는 주인을 신이라고 생각하고, 고양이는 자신을 신이라고 생각한다는 농담이 있습니다. 그런 것처럼, 통솔력이란, 고양이가 집사를 부리는 능력을 말합니다. 굳이 애교 부리고 안기지 않아도, 눈빛과 몸짓만으로 이미 집사는 고양이의 뜻대로 움직이고 있습니다. 표현력은 자신의 요구를 뚜렷하게 표현하는 것이고, 집사가 고양이 마음대로 움직이는 것과는 다릅니다. 하지만 통솔력이 뛰어난 고양이는 자신이 원하는 대로 집사를 움직이기 쉽습니다. 표현력과 헷갈릴 수 있지만, 완전히 다른 부류의 능력입니다.

 오행으로 보면, 운명의 별이 공격하는 오행이 이 성격을 가집니다. 사주 용어로는 재성(財星)이라고 합니다. 정재(正財)와 편재(偏財)를 합친 단어입니다.

4. 개냥이과(사람을 잘 따르는 고양이)

전생에 강아지가 아니었을까… 의심이 될 정도로 충성심이 높고, 주인 바라기인 고양이. 강아지랑 같이 키운 것도 아닌데도 고양이의 기본 특성이 그렇다면 개냥이과의 성향을 가지고 있는 것입니다. 이 부류의 고양이는 집사를 하인으로 대하기보다는 주인으로 제대로 대접해줍니다. 주인에 대한 충성도도 뛰어나고, 인내심도 좋은 편입니다.

오행으로 보면, 운명의 별을 공격하는 오행이 이 성격을 가집니다. 사주 용어로는 관성(官星)이라고 합니다. 정관(正官)과 편관(偏官)을 합친 말입니다.

5. 어리광

어린아이들이 엄마 품에 안겨 오듯이, 어리광을 부리는 성향이 강하면 집사에게 장난도 잘 치고, 잘 안겨 옵니다. 집사가 간식을 주거나 좋아하는 장난감을 사 오면 집사에게 감사의 마음을 표현하기 위해 선물을 주는 것도 어리광 성향이 특성입니다. 개냥이과와 달리 어리광 성향의 고양이는 집사를 주인으로 따른다기보다는 집사에게 귀염받는 것을 즐긴다고 볼 수 있습니다. 그리고 항상 자신을 잘 챙겨주는 집사에게 고마움의 표시로 집사가 좋아하는 행동을 하기도 합니다.

오행으로 보면, 운명을 별을 도와주는 오행이 이 성격을 가집니다. 사주 용어로는 인성(印星)이라고 합니다. 정인(正印)과 편인(偏印)을 합친 말입니다.

사주 용어까지 알지 못해도 괜찮습니다. 그건 나중에 사주를 본격적으로 공부하면 알 수 있습니다.

지금까지 운명의 별을 찾고, 운명의 별과 오행 사이의 관계를 알아봤습니다. 운명의 자물쇠를 풀기 위해서는 이제 한 가지 과정이 남았습니다. 사주에 어떤 오행이 얼마나 있을지를 찾아야 합니다.

좋은 사주 앱이나 프로그램들은 오행의 개수를 바로 알려주거나, 프로그램의 기능으로 따로 알려주기도 합니다. 하지만 이 책에서 그런 프로그램의 사용법에 대해서 알려드릴 수 없으므로, 일단은 아날로그 방식으로 찾아보도록 하겠습니다.

예를 들어, 2016년 3월 2일 오후 6시에 입양한 고양이 '하루'의 사주를 보도록 할까요?

시	일	월	년
辛	癸	庚	丙
酉	未	寅	申

사주 앱에 넣었을 때, 가장 기본적으로 나타나는 모양새입니다. 이제 표에 따라 위의 글자들의 오행을 적어봅시다.

천간	갑甲	을乙	병丙	정丁	무戊	기己	경庚	신辛	임壬	계癸
오행	목木	목木	화火	화火	토土	토土	금金	금金	수水	수水

『 천간-오행 대응표 』

지지	자子	축丑	인寅	묘卯	진辰	사巳	오午	미未	신申	유酉	술戌	해亥
오행	수水	토土	목木	목木	토土	화火	화火	토土	금金	금金	토土	수水

『 지지-오행 대응표 』

시	일	월	년
辛(金)	癸(水)	庚(金)	丙(火)
酉(金)	未(土)	寅(木)	申(金)

이렇게 글자 옆에 오행을 적어놓으면 어떤 오행을 얼마나 가졌는지 잘 보입니다.

목 - 1개 / 화 - 1개 / 토 - 1개 / 금 - 4개 / 수 - 1개

고양이 '하루'의 운명의 별 자리에 있는 글자는 癸이고, 오행은 수(水)입니다. 따라서 하루의 운명의 별은 수성입니다. 그리고 가장 많이 가지고 있는 오행은 금입니다. 이런 식으로 어떤 운명의 별 아래 태어났는지, 어떤 오행이 가장 많은지 알아낼 수 있습니다.

오행은 5가지인데, 사주에는 8개의 자리밖에 없습니다. 따라서 우리의 운명은 항상 무언가 모자랍니다. 그걸 조화롭게 풀어가는 것이 평화롭고 멋진 삶으로 이어지는 것입니다. 위의 예를 보세요. 하루는 다른 오행에 비해서 금이 매우 강합니다. 따라서 금의 기운이 하루의 성격과 재능에 강한 영향을 미치고 있다고 풀이할 수 있습니다.

이제 운명의 자물쇠를 푸는 방법에 대해서는 다 배웠습니다. 풀어낸 운명을 어떻게 읽고, 운명을 엿보는지에 대해서 다음 장에서 다루기로 할까요?

3장
고양이 사주

고양이 사주를 보는 방법

이 장에서는 고양이의 사주를 엿보도록 하겠습니다. 앞에서도 충분히 이야기했지만, 차근차근 이 장을 활용하는 방법을 정리합니다.

0. 사주 앱으로 태어난 날과 시간을 입력하여 고양의 사주를 확인한다. 만약 고양이가 태어난 정확한 날과 시간을 모를 경우, 입양을 한 날과 시간으로 사주를 봐도 좋다.

1. 고양이의 운명의 별이 무엇인지 확인한다.

일(日) 아래 글자(천간)이 무슨 글자인지에 따라 운명의 별이 달라진다.

천간	갑甲	을乙	병丙	정丁	무戊	기己	경庚	신辛	임壬	계癸
오행	목木		화火		토土		금金		수水	
운명의 별	목성		화성		토성		금성		수성	

『 천간-오행-운명의 별 대응표 』

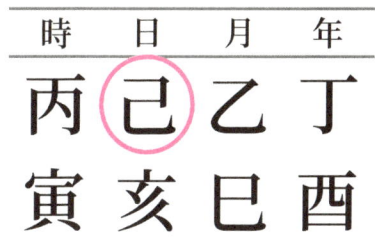

『 운명의 별 위치 』

2. 사주의 나머지 글자들의 오행이 무엇인지 확인하고, 그 개수를 적는다.

천간	갑甲	을乙	병丙	정丁	무戊	기己	경庚	신辛	임壬	계癸
오행	목木	목木	화火	화火	토土	토土	금金	금金	수水	수水

『 천간-오행 대응표 』

지지	자子	축丑	인寅	묘卯	진辰	사巳	오午	미未	신申	유酉	술戌	해亥
오행	수水	토土	목木	목木	토土	화火	화火	토土	금金	금金	토土	수水

『 지지-오행 대응표 』

목(木), 화(火), 토(土), 금(金), 수(水)가 각각 몇 개인지 세고, 그중 가장 많은 오행이 무엇인지 확인합니다. 필요하다면 두 번째로 많은 오행이 무엇인지도 확인한다.

3. 이제 뒤 페이지에 해당하는 운명의 별과 가장 많은 오행에 해당하는 내용을 읽는다. 필요하다면 두 번째로 많은 오행에 해당하는 내용도 읽는다.

이 방법대로 한다면, 초보자도 쉽게 사주를 읽을 수 있습니다!

운명의 별
목성을
타고난 고양이

운명의 별이 목성인 경우, 각 오행이 나타내는 의미

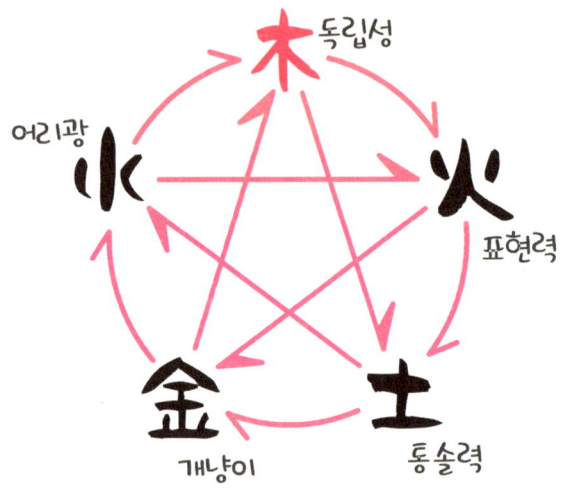

　운명의 별이 목성인 고양이의 경우, 기본적으로 타고난 성향은 "나무(木)"입니다. 나무는 놀라울 정도로 넘치는 생명력을 가지고 있습니다. 여름날 하루가 다르게 자라는 나무의 모습은 경이적일 정도입니다. 그런 나무의 에너지를 가지고 있기에, 목성이라는 운명의 별을 타고난 고양이들은 하고자 하는 일에 강한 추진력을 발휘합니다. 절대 포기하는 법이 없습니다. 목성의 별 아래 태어난 이들에게 포기라는 것은 너무나 가혹한 일입니다. 때로는 멍청해 보여도,

자신이 꽂힌 것에 대해서는 한눈팔지 않는 진지한 모습을 보여줍니다. 집사가 말려도 잠시뿐, 기어코 하고자 하는 성향이 강합니다. 강한 고집의 소유자들입니다. 다만 너무 진지하게 한 가지 목표만 바라본 나머지, 주변을 보지 못하고 엄청난 사고를 일으킬 수 있습니다. 고양이가 무언가에 매료되어 있을 때는, 시선을 떼지 마세요.

기억력이 좋으므로 마음에 들지 않는 일은 고이고이 기억해두는 쪼잔한 성격의 소유자입니다. 꽂힌 일에는 무슨 수를 써서라도 해야 하는 근성을 가지고 있습니다. 하지만 마음에 안 드는 일은 그냥 넘어가는 듯 보이지만, 나중에 반드시 복수합니다. 한곳에 오래 뿌리를 내려 사는 것을 좋아하는 아이기 때문에, 주인이 여러 번 바뀌면 적응을 잘 못 합니다. 주인이 이사를 자주 다니는 것도 고양이에게 큰 스트레스를 줍니다. 이사를 하면 충분히 적응할 시간을 주고, 익숙한 물건들을 배치한 장소에서 심적으로 안정감을 찾게 하는 것이 좋습니다.

대체로 얌전한 성향으로 보이지만, 잘못과 원한을 두고두고 기억하는 타입입니다. 생각 없는 덜렁이 집사와는 상성이 좋지 않은 편입니다.

나무의 고양이

애교	★☆☆☆☆
고집	★★★★★
똑똑함	★★★☆☆
충성심	★☆☆☆☆
지배력	★☆☆☆☆
자기주장	★★★★☆
혼자놀기	★★★★★

운명의 별이 목성인 고양이들에게 "나무(木)"는 자신과 같은 오행입니다. 따라서 목성 아래 태어난 고양이들의 사주에서 나무란 독립성을 의미합니다.

목성 아래 태어났으면서 목의 기운이 가장 강하다면, 이 아이는 굉장한 황소고집의 소유자입니다. 자신만의 철학과 행동 원칙이 있고, 이것에 어긋나는 것을 참을 수 없습니다.

강직한 성격이므로 주인과 부딪치게 되면 자신이 먼저 꺾이는 법이 없습니다. 독립적인 성향과 더해져서 매우 도도하고 까다롭게 굴 가능성이 높습니다. 만약 집사도 한 고집하는 성격이라면 둘 사이의 관계는 매우 힘들어집니다. 집사가 너그러운 성격이라서 고양이와 맞춰줄 수 있다면, 둘 사이의 관계는 원만할 것입니다.

자기 물건, 자기 영역에 대한 강한 집착을 보입니다. 서로의 영역을 존중하지 않으면 집사나 다른 가족과의 관계가 안 좋아집니다. 혼자 노는 것을 좋아하지만, 가끔 지나가면서 보일 때마다 잠깐씩 놀아주는 것도 좋아합니다. 도도하지만, 집사의 손길을 잠깐 바랄 때가 있습니다. 자신에게 잘해준 사람에게 보답하는 것을 즐깁니다. 상대방에 대한 배려심이 뛰어나지만, 상대방이 자신을 존중해줄 때만 그 배려심을 보여줍니다. 언뜻 보면 굉장히 얌전하고 소심한 아이로 착각할 수 있습니다. 그러나 소심하고 얌전한 것이 아니라 기회를 기다리고 있는 것입니다. 은혜를 갚을 기회라든가, 혹은 복수할 기회를 노리고 있습니다.

집사의 사주에서 가장 강한 오행이 수의 기운이나 화의 기운이라면 둘 사이의 에너지는 좋은 방향으로 흘러갑니다.

불의 고양이

애교	★★★☆☆
고집	★☆☆☆☆
똑똑함	★★★☆☆
충성심	★☆☆☆☆
지배력	★☆☆☆☆
자기주장	★★★★★
혼자놀기	★★☆☆☆

    운명의 별이 목성인 고양이들에게 "화(火)"는 운명의 별이 도와주는 오행입니다. 따라서 목성 아래 태어난 고양이들의 사주에서 불은 표현력을 의미합니다.

    목성 아래 태어났으면서 화의 기운이 가장 강하다면, 이 아이는 엄청난 수다쟁이입니다. 자신이 원하는 바를 잘 표현하기 때문에 집사 입장에서는 편하기도 하지만, 어떨 때는 너무 일방적으로 집사에게 야옹거리면서 의사를 표현하기 때문에 집사를 피곤하게 할 수 있습니다. 자신의 수다를 들어주지 않으면 따라다니면서 집사가 시간을 가지고 차분히 자신의 수다를 들어줄 때까지 야옹거리는 편입니다. 고양이가 수다를 떨 때는 잠시라도 시간을 내서 들어주는 것이 좋습니다.

장난을 즐기며, 집사와 장난감을 가지고 노는 것을 좋아합니다. 호불호가 확실하고 새로운 것에 쉽게 흥미를 느끼는 편입니다. 밝고 명랑한 성격이며, 기본적으로 다정합니다. 천진난만한 수다가 집사의 하트를 녹입니다. 목성의 별 아래 태어났지만, 호불호를 확실하게 표현하는 아이라서, 무엇을 좋아하는지 싫어하는지 금방 알 수 있습니다. 자기가 좋아하는 일을 해주면 고양이가 좋아하는 것을 선물로 줍니다. 겉모습은 얌전해 보이지만, 활발한 편입니다.

집사의 사주에서 가장 강한 오행이 목의 기운이거나, 토의 기운이라면 둘 사이의 에너지는 좋은 방향으로 흘러갑니다.

대지의 고양이

애교	★☆☆☆☆
고집	★★☆☆☆
똑똑함	★★★☆☆
충성심	★☆☆☆☆
지배력	★★★★★
자기주장	★★☆☆☆
혼자놀기	★☆☆☆☆

 운명의 별이 목성인 고양이들에게 "토(土)"는 운명의 별이 공격하는 오행입니다. 따라서 목성 아래 태어난 고양이들의 사주에서 대지는 통솔력을 의미합니다.

 목성 아래 태어났으면서 토의 기운이 가장 강하다면, 상반된 모습을 자주 보여줍니다. 막무가내로 행동하거나, 너무 겁쟁이거나. 집사를 원하는 대로 움직이게 하려고 자신이 먼저 행동하거나, 반대로 집사를 원하는 대로 움직이려면 어떻게 할지 생각하다가 아무것도 못 하고 지나가 버리는 상반된 성향을 가지고 있습니다.

토의 기운이 강한 아이들은 대체로 어리광을 부리는 모습을 잘 안 보여줍니다. 집사 위에 서서 집사를 하인 부리듯 부려먹으며 즐기는 성향이 강합니다. 집사를 자신의 하인이라고 생각하고 있습니다. 먹을 것에 대한 욕심이 강한 편입니다. 행동하기 전에 충분히 생각하고 움직이는 사려 깊은 성격을 가지고 있습니다. 다묘 가정의 경우, 맏이 역할을 도맡아 하는 큰 아이 역할을 합니다. 꼼꼼하고 든든한 성격으로 다른 아이들을 챙겨주는 그 모습은 그야말로 첫째의 이상적인 모습입니다. 집안을 난장판으로 만들 때는 앞장서서 한다기보다는, 다른 고양이들을 지휘하고, 자기는 그걸 보면서 흐뭇해하는 참모 같은 아이입니다.

집사의 사주에서 가장 강한 오행이 화의 기운이거나, 금의 기운이라면 둘 사이의 에너지는 좋은 방향으로 흘러갑니다.

보석의 고양이

애교	★★★☆☆
고집	★☆☆☆☆
똑똑함	★☆☆☆☆
충성심	★★★★★
지배력	★☆☆☆☆
자기주장	★☆☆☆☆
혼자놀기	★☆☆☆☆

    운명의 별이 목성인 고양이들에게 "금(金)"은 운명의 별을 공격하는 오행입니다. 따라서 목성 아래 태어난 고양이 사주에서 보석은 개냥이과의 특성을 의미합니다.

    목성 아래 태어났으면서 금의 기운이 가장 강하다면, 이 아이는 스마트한 모습을 보이지만, 개냥이과의 특성이 강합니다. 좀 더 정확하게 말하면, 언제 어느 때 개냥이의 모습을 보여야 할지 잘 알고 있습니다. 아무에게나 이런 모습을 보이는 것이 아니라 자신이 따를만한 사람이라고 인정을 한 사람에게만 이런 모습을 보여줍니다.

금의 기운이 강한 아이들은 상황판단력이 좋습니다. 당신을 귀찮게 해도 되는 때와 그렇지 않은 때를 잘 구분합니다. 보통 고양이들이 집사를 하인처럼 부리는 경향이 있는 편이지만, 목성 아래 태어났으면서 금의 기운이 강한 고양이는 집사를 주인으로 모시고 따릅니다. 무뚝뚝한 편이라, 주인에게 충성심을 잘 표현 못 할 수도 있습니다. 수의 기운도 같이 있거나, 강하다면 충성심도 깊고 애교도 잘 부리는 진정한 개냥이를 보여줄 것입니다. 금의 기운만 강하다면 항상 쿨한 모습으로 이 아이가 나를 정말 따르는 건지 집사를 헷갈리게 할 것입니다. 오래 함께하다 보면 무뚝뚝함 속에서도 넘쳐흐르는 사랑과 충성심을 느낄 수 있습니다. 고양이가 고집을 부릴 때, 주인이 그 고집을 들어주기보다는, 고집을 꺾어서 주인으로서의 위엄을 보이는 것이 고양이와 관계를 더 좋게 합니다. 습성에 어긋나지 않은 선에서 주인이 요구하는 것을 성실히 지키려고 하는 성실한 아이입니다.

집사의 사주에서 가장 강한 오행이 토의 기운이거나, 수의 기운이라면 둘 사이의 에너지는 좋은 방향으로 흘러갑니다.

물의 고양이

애교	★★★★★
고집	★☆☆☆☆
똑똑함	★☆☆☆☆
충성심	★★★☆☆
지배력	★☆☆☆☆
자기주장	★☆☆☆☆
혼자놀기	★☆☆☆☆

 운명의 별이 목성인 고양이들에게 "물(水)"은 운명의 별을 도와주는 오행입니다. 따라서 목성 아래 태어난 고양이들의 사주에서 물이란 어리광을 의미합니다.

 목성 아래 태어났으면서 물의 기운이 가장 강하다면, 당신의 마음을 포근하게 감싸주는 어리광의 고수일 가능성이 높습니다. 당신이 외롭고 힘들 때, 마치 당신의 마음을 알고 있는 것처럼 와서 살포시 다가와 어리광으로 당신의 지친 마음을 위로해줍니다.

 물의 기운이 강한 아이들은 머리가 좋고, 당신의 상태를 금세 알아챕니다. 집사에게 의존하는 경향이 강하며, 집사와 오래 떨어져 있는 것을 힘들어합니다. 오랜 기간 여행을 간다든가, 일이 바빠 자주 얼굴을 볼 수 없다면, 고양이가 힘들어합니다. 독립성이 떨어지고, 집사에 대한 의존도가 높은 아이들입니다. 앞뒤 생각 없이 일단 저지르고 보는 타입입니다. 때로는 그 점이 집사를 힘들게 할 수도 있습니다. 잘못할 때마다 쪼르르 달려와 귀엽게 부비부비하면서 애교를 떨 때마다 당신의 분노도 사르르 녹아버립니다. 애교도 잘 부리고, 감사의 선물도 잘하고, 잘못했을 때는 순순히 잘못을 비는 맑고 바른 성격을 가지고 있습니다.

새로운 환경에 대한 적응은 운명의 별이 목성인 아이 중에서 가장 빠른 편입니다. 집사가 곁에 있으면 어디든지 자기가 있을 장소라고 생각하고 있습니다. 높은 장소를 굉장히 선호합니다.

집사의 사주에서 가장 강한 오행이 금의 기운이거나, 목의 기운이라면 둘 사이의 에너지는 좋은 방향으로 흘러갑니다.

운명의 별
화성을
타고난 고양이

운명의 별이 화성인 경우, 각 오행이 나타내는 의미

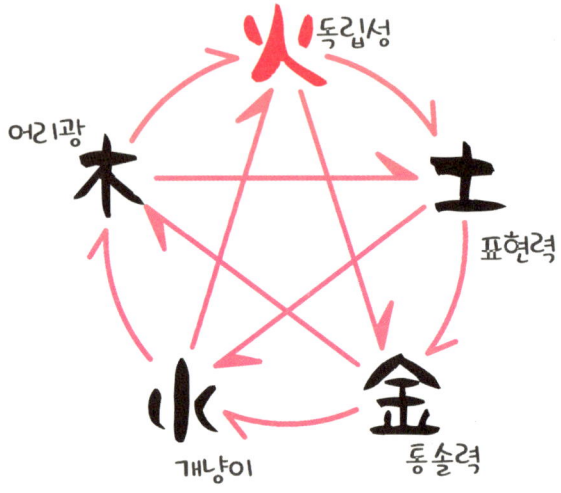

 운명의 별이 화성인 고양이인 경우, 기본적으로 타고난 성향은 "불(火)"입니다. 불은 불꽃과 태양을 나타냅니다. 모든 것을 키우는 근원적인 힘인 태양과 모든 것을 불 싸지르는 거침없고 폭력적인 힘이기도 합니다. 이런 힘만 있는 것이 아니라 불은 주변을 따뜻하게 감싸주기도 하는 포근한 면도 가지고 있습니다. 이런 불의 에너지를 가지고 태어난, 화성이라는 운명의 별을 타고난 고양이들은 다정하면서, 폭발적인 에너지를 지니고 태어납니다. 활동량이 많고 산만한 편이며, 즉흥적이고 즐거움을 추구하는 면이 강합니다. 하지만 타인을 배려하며 주변을 따스하게 해주는 힘을 가지고 있으므로 집사에게 많은 위안을 줄 것입니다. 화성이라는 운명의 별을 타고난 아이들은 자존심이 세고, 새로운 것에 호기심이 많습니다. 새로운 것에 호기심을 가지고 접근하다가 깜짝 놀라거나, 큰일을 당해도 타고난 천성으로 극복하고, 금세 새로운 일에 호기심을 가지는 천진난만함을 가지고 있습니다.

기본적으로 주위의 모든 것들을 자신의 동료나 친구로 여기는 성향이 강합니다. 친화성이 좋은 성격이라 어디 가서도 쉽게 이쁨받기 쉽지만, 오래 사귀다 보면 단점이 드러나는 타입입니다. 적으로 규정지은 것에 대해서는 가차 없이 공격하는 무서운 면도 가지고 있습니다. 기본적으로 다 친구라고 여기는 만큼, 적으로 규정지었을 때 반응은 격렬합니다. 상대방이 항복을 외쳐도 본인의 분이 풀릴 때까지 공격하는 집요한 모습도 화성 아래 태어난 고양이들의 특성입니다.

새로운 것과 환경 변화에 관해서 가장 높은 적응력을 가지고 있습니다.

나무의 고양이

애교	★★★★★
고집	★★☆☆☆
똑똑함	☆☆☆☆☆
충성심	★☆☆☆☆
지배력	☆☆☆☆☆
자기주장	★★☆☆☆
혼자놀기	★★☆☆☆

   운명의 별이 화성인 고양이들에게 "나무(木)"는 운명의 별을 도와주는 오행입니다. 따라서 화성 아래 태어난 고양이들의 사주에서 나무란 어리광을 의미합니다.

   화성 아래 태어났으면서 목의 기운이 가장 강하다면, 이 아이는 우직한 어리광쟁이입니다. 자신만의 철학이 있어서 어리광을 어리광이라고 받아들이기 힘들 수도 있습니다. 하지만 오래 함께하다 보면 고양이 나름의 어리광에 웃음이 나기도 하고, 이해가 안 되지만 집사에게 어리광을 피우고 있다는 것을 알 수 있게 될 것입니다. 성격은 온화한 편이지만, 한 번 고집을 부리면 꺾이지 않습니다. 집사가 혼내면 일시적으로 안 그러는 것처럼 보이지만, 결국은 자신의 고집대로 해야 직성이 풀리는 성격입니다.

집사가 어리광을 받아줄수록 기고만장해지는 타입입니다. 집사와 가족들이 예뻐해 줄 만한 행동을 잘하므로 예쁨도 많이 받지만, 거만한 태도와 생각 없이 저지르는 실수들 때문에 혼도 많이 납니다. 제대로 혼내지 않고, 어리광만 받아주면 더 거만하고 못된 고양이가 되기 쉬운 성향을 가지고 태어났습니다. 기본적으로 집사와 사람이 좋아서 안기는 것도 좋아하는 착한 고양이지만, 훈육을 잘못하면 골칫거리로 자라나기 쉬운 타입이니 주의해주세요. 똑똑하진 않지만, 기억력이 좋은 편이기 때문에 잘 가르치면 사람을 좋아하고 사랑받는 예쁜 고양이로 거듭날 수 있습니다.

집사의 사주에서 가장 강한 오행이 수의 기운이나 화의 기운이라면 둘 사이의 에너지는 좋은 방향으로 흘러갑니다.

불의 고양이

애교	☆☆☆☆☆
고집	★★★★★
똑똑함	★☆☆☆☆
충성심	★☆☆☆☆
지배력	★☆☆☆☆
자기주장	★★★☆☆
혼자놀기	★★★★★

운명의 별이 화성인 고양이들에게 "화(火)"는 운명의 별과 같은 오행입니다. 따라서 화성 아래 태어난 고양이들의 사주에서 불은 독립성을 의미합니다.

화성 아래 태어났으면서 화의 기운이 가장 강하다면, 이 아이는 남들에게 자신을 보여주는 것을 굉장히 좋아합니다. 중요한 일은 집사가 보는 앞에서 한다든가, 자신이 기분이 좋지 않으면 꼭 집사 앞에서 시위한다든가 하는 식으로 남들에게 자신을 보이는 것을 굉장히 좋아하는 편입니다. 독립심이 강하기 때문에 집사에게 잘 의존하지 않습니다. 다만 자신의 행동을 남에게 보이는 것을 좋아하는 성향이 강하기 때문에 자주 집사의 눈앞에서 자신을 어필하려고 알짱거립니다.

굉장히 활동적이며, 못 말리는 말괄량이일 가능성이 높습니다. 다정하지만 자신이 다정하고 싶을 때만 다정한 모습을 보여주는 아이입니다. 새로운 것에 호기심이 많고, 덜렁거리는 성향이 있으므로 새로운 물건을 집에 들여놓으면 그것을 가지고 장난치다가 사고를 잘 치는 스타일입니다. 새 물건은 충분히 익숙해져서 관심이 줄어들 때까지 조심하셔야 합니다. 집사에게 안기는 것을 좋아하지만, 어디까지나 본인이 안기고 싶을 때만 안기는 것을 좋아하므로 조금이라도 싫증이 나면 바로 도망쳐버립니다. 집사를 좋은 친구라고 생각하고 있습니다. 타인과 다른 고양이들에게 별로 관심이 없습니다. 움직이면서 색이 강한 장난감을 특히 좋아합니다.

집사의 사주에서 가장 강한 오행이 목의 기운이거나, 토의 기운이라면 둘 사이의 에너지는 좋은 방향으로 흘러갑니다.

대지의 고양이

애교	★★☆☆☆
고집	★☆☆☆☆
똑똑함	★★☆☆☆
충성심	☆☆☆☆☆
지배력	★★☆☆☆
자기주장	★★★★★
혼자놀기	★☆☆☆☆

 운명의 별이 화성인 고양이들에게 "대지(土)"는 운명의 별이 도와주는 오행입니다. 따라서 화성 아래 태어난 고양이들의 사주에서 대지는 표현력을 의미합니다.

 화성 아래 태어났으면서 토의 기운이 가장 강하다면, 별일 없어도 집사 옆에 다가와 야옹야옹 수다를 떠는 것을 좋아합니다. 기본적으로 낙천적인 성격에, 별다른 생각 없이 움직이기 때문에, 눈앞의 일에 맹목적으로 돌진하다가 어이없는 실수를 여러 번 합니다. 머리가 나쁘다기보다는, 생각을 하지 않기 때문에 이런 일이 일어납니다. 전형적인 "머리는 좋은데, 생각 없이 사고를 치는" 유형입니다. 하지만 이런 생각 없는 행동도 고양이가 하면 매우 사랑스럽습니다. 자신의 욕망에 솔직하지만, 그것을 이루고자 하는 방식이 저돌적이기 때문에 일어나는 일입니다.

게으르고 귀찮은 일을 싫어합니다. 집사가 잔소리하면, 슬그머니 노려보면서 화를 내기 시작합니다. 같은 잔소리를 여러 번 반복하면 고양이가 토라집니다. 자신의 잘못 했다는 걸 알고 있고, 고치고 싶어 하지만 자기 뜻대로 행동 교정을 잘 못 하는 성향을 가지고 있습니다. 스크레쳐를 다양하게 여러 개 준비해주세요. 무언가를 긁는 동작을 좋아합니다. 어두운 곳에 숨어서 가만히 누워있는 것을 좋아합니다. 야단쳤을 때, 구석에 자꾸 숨는다면 그건 도망친다기보다는 야단 받아 주눅이 든 자신을 위해 좋아하는 행동을 하는 것입니다.

집사의 사주에서 가장 강한 오행이 화의 기운이거나, 금의 기운이라면 둘 사이의 에너지는 좋은 방향으로 흘러갑니다.

보석의 고양이

애교	★★★☆☆
고집	☆☆☆☆☆
똑똑함	★★★☆☆
충성심	★☆☆☆☆
지배력	★★★★★
자기주장	★★☆☆☆
혼자놀기	☆☆☆☆☆

운명의 별이 화성인 고양이들에게 "금(金)"은 운명의 별이 공격하는 오행입니다. 따라서 화성 아래 태어난 고양이 사주에서 보석은 통솔력을 의미합니다.

화성 아래 태어났으면서 금의 기운이 가장 강하다면, 이 아이는 냉철하게 분석하며 집사를 움직이게 합니다. 당신이 화가 나서, 또는 기분이 좋아서 고양이한테 무언가를 해주거나, 새로운 물건을 사고 있다면 그건 모두 고양이의 뜻대로 움직인 것입니다. 고양이는 자신이 어떻게 해야 집사를 곤란하게 할지, 기쁘게 할지, 집사를 움직이는 효율적인 방법을 알고 있습니다.

금의 기운이 강한 아이들은 상황판단력이 매우 좋은 편입니다. 자신이 원하는 것을 위해 어떤 행동을 해야 할지, 어떤 식으로 당신을 움직여야 할지 상황을 보고 순식간에 판단합니다. 얌전하게 기회를 노리고 있으며, 때로는 과감한 행동도 서슴지 않습니다. 갑자기 과격한 행동을 하는 것이 아니라 타고난 성향이 그런 것이기 때문에 너무 놀라지 마세요. 굉장히 냉정하고 스마트하게 보이지만, 그 이면에는 집사를 생각하는 마음도 있습니다. 의리도 깊습니다. 당신이 잘 대해준다는 사실을 잊지 않습니다.

반짝이는 물건과 투명한 물건을 좋아합니다. 유리창 너머로 움직이는 물건에 지대한 호기심을 가지고 있습니다. 집사를 귀엽다고 생각하는 경향이 강합니다. 자신이 집사를 돌봐주고 있다고 생각하고 있습니다. 집사가 밥이나 간식을 줄 때 킁킁거리면서 냄새를 맡는 행동을 하는 이유는 몸에 나쁜 것이 없는지 체크하기 위해서입니다. 안심하고 먹기 전에 충분히 의심하는 편입니다.

집사의 사주에서 가장 강한 오행이 토의 기운이거나, 수의 기운이라면 둘 사이의 에너지는 좋은 방향으로 흘러갑니다.

물의 고양이

애교	★★☆☆☆
고집	☆☆☆☆☆
똑똑함	★★☆☆☆
충성심	★★★★★
지배력	★★☆☆☆
자기주장	★☆☆☆☆
혼자놀기	☆☆☆☆☆

　운명의 별이 화성인 고양이들에게 "물(水)"은 운명의 별을 공격하는 오행입니다. 따라서 화성 아래 태어난 고양이 사주에서 물은 개냥이과의 특성을 의미합니다.

　화성 아래 태어났으면서 물의 기운이 가장 강하다면, 당신과 만난 그 순간부터 당신이 자신의 주인이라는 것을 알아차리고, 주인으로 모시기 시작합니다. 상황 인지력과 순응력이 뛰어나기 때문입니다. 다묘 가정일 경우, 자신의 서열이 어디쯤인지 금세 파악하기 때문에 큰 싸움이 일어나지 않습니다. 생각이 깊고, 지혜로운 아이입니다. 집사를 주인으로 생각하며 진심으로 따르고 있습니다. 주인의 말을 잘 듣는 영리한 아이기도 합니다. 만약 첫 아이로 들인 고양이의 사주가 이렇다면 매우 듬직한 첫째가 되어 줄 것입니다.

뭐든지 열심히 노력하지만, 노력하는 방향이 효율적이진 않습니다. 돌아서 가는 길을 모르고, 달려드는 성향이 있습니다. 자신이 힘들 때, 특히 집사 곁을 맴돌면서 '사랑해주세요.' 기운을 풍깁니다. 하지만 구체적으로 그것을 표현하진 못합니다. 당신의 시야 안에서 자꾸 빙글빙글 맴돌고 있다면, 얼른 가서 애정을 표현해주세요. 목의 기운이 없으면 자신이 사랑받고 싶을 때 어리광을 잘 표현하지 못한답니다. 집사한테 덥석덥석 안기는 맛은 없지만, 사랑받으면 굉장히 기뻐합니다. 목에 방울 목걸이를 해주면 운이 좋아집니다.

집사의 사주에서 가장 강한 오행이 금의 기운이거나, 목의 기운이라면 둘 사이의 에너지는 좋은 방향으로 흘러갑니다.

운명의 별
토성을
타고난 고양이

운명의 별이 토성인 경우, 각 오행이 나타내는 의미

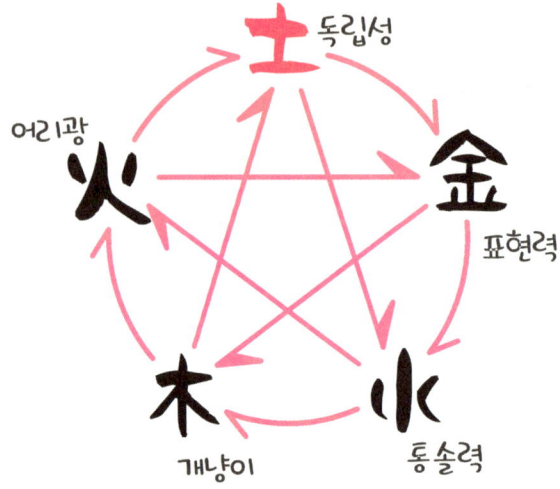

운명의 별이 토성인 고양이인 경우, 기본적으로 타고난 성향은 "대지(土)"입니다. 대지는 생명을 키우는 토대이며, 큰 대지와 흙을 나타냅니다. 대지는 크기 때문에 한 번 움직이면 많은 것들이 휘말려버립니다. 따라서 다른 것을 전혀 신경 쓰지 않고 행동하는 행동력을 나타냅니다. 반대로 대지는 너무 크기 때문에 움직이는 것이 힘들기도 합니다. 평상시에는 움직이지 않다가 갑자기 움직이는 극단적인 행동력을 가지고 있습니다. 주변에 있는 많은 것들을 생각하다 보면 움직일 수 없습니다. 토성이라는 운명의 별을 타고난 아이들은 움직일 때는 아무 생각 없어서 주변을 보지 못하고, 주변을 보기 시작하면 움직임이 줄어드는 성향을 가집니다. 주변 분위기를 살피지 않는 성향이 강하므로, 다묘 가정에서는 장난꾸러기 취급을 받을 확률이 높습니다.

사실 이 속성의 아이들은 극단적인 면을 가지고 있습니다. 어떨 때는 멧돼지처럼 돌진하다가도, 어떨 때는 겁이 나서 꼼짝도 안 합니다. 이 중에 어떤 성향이 더 강하게 나타날지는 알려면 사주를 본격적으로 공부해야 합니다. 따라서 평소 행동하는 모습을 지켜보면 어떤 면의 모습이 강한지 파악할 수 있습니다.

하지만 집사가 다른 일을 할 때, 기반을 단단하게 다져주는 에너지를 가지고 있는 아이기 때문에 이 아이와 궁합이 좋은 집사라면 좋은 쪽으로 일이 흘러갈 가능성이 높습니다. 만약 궁합이 좋지 않다면, 궁합을 좋게 하는 아이템을 이용해서 궁합을 좋아지는 쪽으로 흐름을 바꿔주면 괜찮습니다. 안정적인 기반을 바탕으로 큰일을 해낼 수 있도록 고양이가 집사를 도와줄 것입니다.

나무의 고양이

애교	★★☆☆☆
고집	★★★☆☆
똑똑함	★★☆☆☆
충성심	★★★★★
지배력	★☆☆☆☆
자기주장	★☆☆☆☆
혼자놀기	★☆☆☆☆

　운명의 별이 토성인 고양이들에게 "나무(木)"는 운명의 별을 공격하는 오행입니다. 따라서 토성 아래 태어난 고양이들의 사주에서 나무는 개냥이과의 특성을 의미합니다.

　토성 아래 태어났으면서 목의 기운이 가장 강하다면, 이 아이는 굉장히 틀에 박혀 있는 아이입니다. 새로운 것을 시도하는 것을 무서워하는 겁쟁이며, 새 환경에 적응하는 것을 어려워합니다. 특히 입양을 할 때, 이 사주를 가진 아이들은 새 환경에 적응하는 것부터, 새 집사를 받아들일 때까지 시간이 오래 걸립니다. 다만 한 번 받아들인다면 그때부터 집사를 주인으로 모시는 충직한 면을 보여줄 것입니다.

가족 구성원이 늘어나는 경우에도 마찬가지입니다. 환경이 바뀌면 굉장히 스트레스를 받습니다. 그런 성향의 아이이니 충분한 시간을 가지고 천천히 익숙해지도록 배려해주어야 합니다. 그리고 그런 배려를 통해서 고양이가 가족 구성원을 받아들였을 때, 고양이는 자신이 가진 개냥이의 특성을 유감없이 발휘해줄 것입니다. 아옹다옹 뛰어다니면서 노는 것을 좋아합니다. 애정표현이 과격한 편이니, 집사는 상처를 조심해야 합니다.

운명의 별이 토성이면서 나무의 기운이 가장 강한 고양이를 집에 들인다면, 물건이 깨지는 일을 조심해야 할 것입니다. 고양이 탓이든, 단순한 실수이든, 물건이 깨지는 일이 많아집니다. 자잘한 물건들은 고양이 손에 닿지 않도록 잘 넣어놓고, 물건을 다룰 때 주의하면 그런 사고를 막을 수 있습니다.

집사의 사주에서 가장 강한 오행이 수의 기운이나 화의 기운이라면 둘 사이의 에너지는 좋은 방향으로 흘러갑니다.

불의 고양이

애교	★★★★★
고집	★★★☆☆
똑똑함	★★★★☆
충성심	★★☆☆☆
지배력	☆☆☆☆☆
자기주장	★★☆☆☆
혼자놀기	★★★☆☆

    운명의 별이 토성인 고양이들에게 "불(火)"은 운명의 별을 도와주는 오행입니다. 따라서 토성 아래 태어난 고양이들의 사주에서 불이란 어리광을 의미합니다.

    토성 아래 태어났으면서 화의 기운이 가장 강하다면, 이 아이는 성질 나쁜 어리광쟁이입니다. 원하는 장난감을 사달라고 마트 바닥에 드러눕는 어린아이처럼, 집사를 난처하게 하기도 합니다. 주변의 분위기를 전혀 읽을 줄 모르는 열정적인 어리광으로 집사에게 행복한 고민을 안겨주는 것이 특기입니다. 호기심도 많고, 겁도 많지만, 집사와 함께라면 든든하다고 생각하기 때문에 유독 집사 앞에서 무모한 행동을 많이 합니다. 하지만 그것도 전부 집사를 의지하고 사랑하고 있다는 증거랍니다. 사람 손을 타는 것을 즐기며, 사람이 쓰다듬어 주는 것을 좋아하는 아이입니다. 덜렁거리지만 친화성이 높아서 매력적입니다. 자신이 하고 싶은 것이 생기면 바로 실행합니다.

바닥에 물건을 많이 늘어놓으면 다치기 쉬운 아이이므로, 항상 집 안 청소를 깔끔하게 해놓는 것이 좋습니다. 혼자 사는 가정보다는, 가족이 같이 사는 가정에 있을 때 더 행복한 고양이입니다. 많은 사람에게 이쁨을 받을수록, 집사와 같이 사는 사람들에게 좋은 영향을 미칩니다. 앞으로 나아갈 힘과 미래를 향한 긍정적인 에너지를 불러옵니다.

집사의 사주에서 가장 강한 오행이 목의 기운이거나, 토의 기운이라면 둘 사이의 에너지는 좋은 방향으로 흘러갑니다.

대지의 고양이

애교	★★☆☆☆
고집	★★★★★
똑똑함	★★☆☆☆
충성심	☆☆☆☆☆
지배력	☆☆☆☆☆
자기주장	★★★☆☆
혼자놀기	★★★★★

 운명의 별이 토성인 고양이들에게 "대지(土)"는 자신과 같은 오행입니다. 따라서 토성 아래 태어난 고양이들의 사주에서 대지란 독립성을 의미합니다.

 토성 아래 태어났으면서 토의 기운이 가장 강하다면, 혼자 놀기의 고수입니다. 어지간한 큰일에도 놀라지 않는 의젓한 모습을 보여주며, 가만히 있다가 예고 없이 행동하는 저돌성을 가지고 있습니다. 기본적으로 행동할 때는 생각 없이 움직입니다. 스스로 독립된 존재로서 움직이고, 집사와는 동거해준다는 느낌이 강합니다. 다묘 가정이라면 이 아이가 다른 고양이들의 중심점이 되어 줄 것입니다. 혼자서 노는 것을 좋아하지만, 주변의 고양이들이 금방 따라 하기 시작해 같이 노는 것으로 보입니다. 나이가 들수록 행동력이 크게 떨어집니다. 따뜻한 햇볕 아래 가만히 있는 것을 좋아합니다. 욕심이 강한 편이고, 양보를 잘 못 합니다. 그래서 같이 놀다가도 금방 싸움으로 번지기도 하지만, 기본적으로 호쾌한 성격이므로 곧 화해하니 걱정할 필요가 없습니다.

집사가 고양이를 키운다기보다는, 고양이가 집사를 형제처럼 보살펴주는 느낌이 강합니다. 집사의 든든한 방패역을 자처하는 고양이입니다. 집사에게 오는 안 좋은 에너지를 몸으로 방어합니다. 만약 고양이가 자주 아프다면, 집사에게 악의를 가진 사람들이 많은지 의심을 해봐야 합니다.

집사의 사주에서 가장 강한 오행이 화의 기운이거나, 금의 기운이라면 둘 사이의 에너지는 좋은 방향으로 흘러갑니다.

보석의 고양이

애교	☆☆☆☆☆
고집	★★★☆☆
똑똑함	★★★☆☆
충성심	☆☆☆☆☆
지배력	★★☆☆☆
자기주장	★★★★★
혼자놀기	★★★☆☆

운명의 별이 토성인 고양이들에게 "보석(金)"는 운명의 별이 도와주는 오행입니다. 따라서 토성 아래 태어난 고양이들의 사주에서 보석은 표현력을 의미합니다.

토성 아래 태어났으면서 금의 기운이 가장 강하다면, 이 아이는 도도하고 시크한 매력의 소유자입니다. 자신이 가진 매력이 다른 사람들에게 어떻게 보일지 알고 있는 아이입니다. 사람을 밀고 당기는 실력이 상당합니다. 누구나 이 아이의 도도한 매력을 한 번 맛보면 헤어나오기 힘든 매력을 가졌습니다. 까탈스러운 성격의 소유자기도 합니다. 마음에 안 드는 일에는 까탈스럽게 야옹거리면서 잔소리를 합니다. 자신에게 안 좋게 대한 사람과 친절하게 잘 대해주는 사람을 잘 기억하고, 은혜와 원한을 잊지 않습니다. 속에 많은 것을 담아놓는 타입입니다.

꾸미는 것을 좋아하는 멋쟁이입니다. 사람들이 자신을 칭찬하는 것을 즐깁니다. 색이 강하고 반짝반짝하는 것이 특히 잘 어울립니다. 잘못했을 때, 야단을 치면 심하게 주눅이 들기 때문에 적당히 혼내는 것이 좋습니다. 잘난 척하는 것이 매력적인 고양이이므로, 기를 살려주도록 하세요. 이 아이의 기운은 집사를 반짝반짝 빛나게 합니다. 집사와 궁합이 좋다면 집사의 숨겨진 매력을 반짝반짝 빛나게 해줄 거랍니다.

집사의 사주에서 가장 강한 오행이 토의 기운이거나, 수의 기운이라면 둘 사이의 에너지는 좋은 방향으로 흘러갑니다.

물의 고양이

애교	☆☆☆☆☆
고집	★★☆☆☆
똑똑함	★★★☆☆
충성심	★★☆☆☆
지배력	★★★★★
자기주장	★★★☆☆
혼자놀기	★☆☆☆☆

운명의 별이 토성인 고양이들에게 "물(水)"은 운명의 별이 공격하는 오행입니다. 따라서 토성 아래 태어난 고양이 사주에서 물은 통솔력을 의미합니다.

토성 아래 태어났으면서 물의 기운이 가장 강하다면, 매우 사려 깊은 성격을 가졌습니다. 다정다감하며, 집사 곁에서 집사의 행동을 지켜보는 것을 좋아합니다. 하지만 그 지켜봄의 이유는 틈틈이 집사를 원하는 대로 조종하기 위한 밑준비입니다. 호시탐탐 집사를 자기 뜻대로 움직이기 위한 기회를 노리고 있습니다. 영리하고 도도하지만, 막무가내 같은 면을 가지고 있으므로 때로는 어처구니없는 바보 같은 짓도 하는 갭이 사랑스러운 아이입니다. 기본적으로 무른 성격의 소유자로, 자신보다 어린 고양이한테도 져주는 착한 아이입니다. 생각이 많고 방해를 잘 받는 타입으로, 곰곰이 고민하는 사이에 다른 고양이들에게 선수를 뺏깁니다.

물건을 잘 숨기고, 숨긴 장소를 까먹는 성향을 가지고 있습니다. 아끼는 물건이 있다면 간수를 잘하는 것이 좋습니다. 고양이가 자기만 아는 장소라고 생각하는 장소에 숨겨놓고, 어디에 숨겨놨는지 까먹을 가능성이 높습니다. 훈련을 잘 시키면 장점이 더 많은 똑똑한 고양이가 되지만, 훈련을 제대로 시키지 않으면 어리광쟁이에 버릇없는 아이로 자랍니다. 집사가 어떻게 고양이를 기르느냐에 따라 장점과 단점이 크게 드러나게 되는 타입이므로 잘잘못을 잘 가리도록 교육해주세요.

집사의 사주에서 가장 강한 오행이 금의 기운이거나, 목의 기운이라면 둘 사이의 에너지는 좋은 방향으로 흘러갑니다.

운명의 별
금성을
타고난 고양이

운명의 별이 금성인 경우, 각 오행이 나타내는 의미

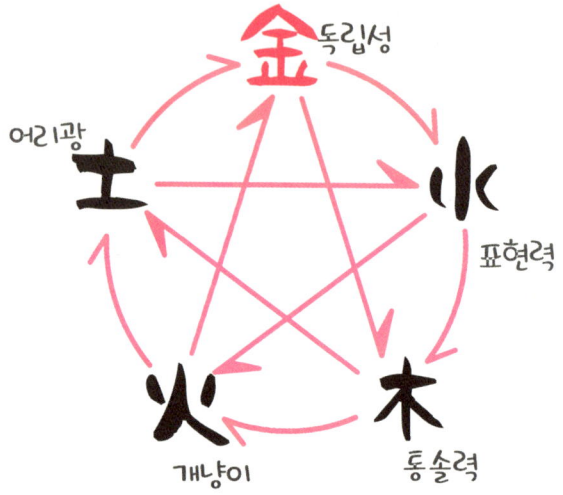

운명의 별이 금성인 고양이인 경우, 기본적으로 타고난 성향은 "보석(金)"입니다. 보석은 차갑고 딱딱합니다. 냉철한 이성과 스마트한 판단력을 나타냅니다. 판단력이 빠르고, 한번 판단한 것을 무르는 일이 잘 없습니다. 금성이라는 운명의 별을 타고난 고양이들은 자신이 해도 되는 것과 하면 안 되는 일을 구분하는 능력이 매우 뛰어납니다. 사려 깊고, 분석을 잘하므로 집사가 정말 싫어하는 일과 싫어하지만 해도 되는 일, 그리고 집사가 좋아하는 일을 잘 알고 있습니다. 만약 이 별을 타고난 아이가 집사가 싫어하는 일을 자꾸 한다면, 그 일을 통해 당신에게 하고 싶은 말이 있기 때문입니다.

자신을 꾸미는 일을 기본적으로 좋아합니다. 다른 사람들 앞에 나서는 것, 자신의 매력을 과시하는 일에 열심입니다. 자신이 한 일에 대해서 남들 앞에서 자랑하는 것을 좋아합니다. 칭찬을 바라면서 자신이 벌인 일을 과시하는 경향이 있습니다. 이때 잘했으면 과한 칭찬을, 잘못한 일이라면 적당히 야단을 치면 해선 안 되는 일과 되는 일을 구분하고 스스로 잘 처신을 하게 됩니다. 자신의 매력을 갈고 닦는 것을 열심히 하는 면이 있습니다. 그루밍을 하는 것을 좋아합니다. 집사가 브러쉬를 해주는 것도 좋아합니다. 브러쉬를 해주면서 이쁘다고 칭찬해주는 것도 잊지 마세요.

피를 보는 것을 두려워하지 않기 때문에, 자주 발톱을 세웁니다. 공격력이 높습니다. 상대방을 쉽게 상처입힐 수 있는 타입의 고양이입니다.

나무의 고양이

애교	☆☆☆☆☆
고집	★★☆☆☆
똑똑함	★★☆☆☆
충성심	★★☆☆☆
지배력	★★★★★
자기주장	★★★☆☆
혼자놀기	★☆☆☆☆

    운명의 별이 금성인 고양이들에게 "나무(木)"는 운명의 별이 공격하는 오행입니다. 따라서 금성 아래 태어난 고양이들의 사주에서 나무는 통솔력을 의미합니다.

    금성 아래 태어났으면서 목의 기운이 가장 강하다면, 이 아이는 고집을 부려서 집사를 움직이게 합니다. 고양이가 고집을 부리는 일이 있다면 전부 집사를 움직이기 위한 행동입니다. 고집 세고 강직한 성격이지만, 기본 원칙은 담백합니다. 물건이 제자리에 있는 것을 선호합니다. 새로운 물건에는 적응 기간이 필요합니다. 애교가 많은 아이는 아니지만 단순한 성격이라 파악하기 쉽습니다. 고양이는 집사에게 고집을 부려서 집사를 움직이려 하지만, 집사는 고양이의 성격을 파악해서 예측하는 것이 가능합니다.

　짜증이 많고, 잘 놀라는 편입니다. 쉽게 신경이 날카로워지는 성향이 있습니다. 집사가 자신의 마음에 들게 행동할 때까지 짜증이 계속됩니다. 부드러운 천으로 만들어진 쿠션과 담요가 고양이의 날카로운 신경을 부드럽게 해줄 것입니다. 집사와 궁합이 좋지 않으면 같이 지내기 까다로운 아이입니다. 궁합을 좋게 하는 소품과 인테리어를 사용해 보도록 합니다.

　집사의 사주에서 가장 강한 오행이 수의 기운이나 화의 기운이라면 둘 사이의 에너지는 좋은 방향으로 흘러갑니다.

불의 고양이

애교	★★★☆☆
고집	★★★☆☆
똑똑함	★★☆☆☆
충성심	★★★★☆
지배력	★☆☆☆☆
자기주장	★☆☆☆☆
혼자놀기	★★☆☆☆

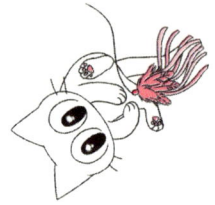

운명의 별이 금성인 고양이들에게 "불(火)"은 운명의 별을 공격하는 오행입니다. 따라서 금성 아래 태어난 고양이 사주에서 불은 개냥이과의 특성을 의미합니다.

금성 아래 태어났으면서 화의 기운이 가장 강하다면, 주인님 바라기 천연 천진난만 고양이입니다. 기본적으로 냉철하고 도도하지만, 그 속에는 주인님에 대한 사랑이 가득합니다. 화의 기운과 함께 토의 기운이 강하다면, 그 사랑을 표현하는 것도 잘합니다. 다만 토의 기운이 없다면 그 사랑은 마음속에만 있고 표현을 잘 못 해서 오해를 할 수도 있습니다. 그래도 오래 함께하다 보면 그 안에 숨어있는 사랑과 존경심을 알 수 있습니다. 집사 곁을 있는 것을 좋아합니다. 무뚝뚝하게 노려보는 것처럼 보여도 집사 곁에 있는 것 자체를 좋아하는 것입니다. 집사에게 관심이 없는 듯 옆에서 혼자 놀고 있는 것도 역시 불의 고양이의 특성입니다. 아닌 듯 보이겠지만, 고양이는 집사를 굉장히 신경 쓰고 있습니다. 너무 집사만 신경 쓰다가 큰 사고를 치는 경우도 있습니다. 자기 고집이 어느 정도 있지만, 집사를 우선시합니다. 활발한 편입니다.

이 고양이를 곁에 두면, 집사의 숨겨진 매력이 밖으로 나올 수 있도록, 갈고 닦을 수 있도록 도와줍니다. 조금 힘들겠지만, 그 과정을 즐기면 집사의 매력이 점차 꽃피게 될 것입니다.

집사의 사주에서 가장 강한 오행이 목의 기운이거나, 토의 기운이라면 둘 사이의 에너지는 좋은 방향으로 흘러갑니다.

대지의 고양이

애교	★★★★★
고집	★★☆☆☆
똑똑함	★★★★★
충성심	★★★☆☆
지배력	☆☆☆☆☆
자기주장	☆☆☆☆☆
혼자놀기	★★★☆☆

    운명의 별이 금성인 고양이들에게 "대지(土)"는 운명의 별을 도와주는 오행입니다. 따라서 금성 아래 태어난 고양이들의 사주에서 대지란 어리광을 의미합니다.

    금성 아래 태어났으면서 토의 기운이 가장 강하다면, 자기만 아는 이기주의 어리광쟁이입니다. 자기가 좋을 때만 와서 애교를 부리고, 귀찮으면 집사가 부르는 소리는 들은 척도 안 합니다. 기분이 좋은 때와 나쁜 때의 대응이 큰 차이가 나는 아이입니다. 막무가내인 면이 있어서, 집사의 사정에는 신경을 쓰지 않습니다. 중요한 것은 자신이 애교를 부리고 싶을 때, 집사의 사정에는 전혀 신경 쓰지 않고 애교를 부린다는 것입니다. 애교가 많은 성격이지만, 이런 특성 때문에 행복한 짜증이 생길 수 있습니다. 기본적으로 움직이는 것을 싫어하는 엉덩이가 무거운 아이지만, 먹을 것 앞에서는 쉽게 굴복합니다. 살이 찌기 쉬우므로 체중 관리에는 신경을 쓰는 것이 좋습니다.

물건을 숨기는 것을 매우 좋아합니다. 숨긴 물건을 찾는 것도 좋아합니다. 이런 사주의 고양이라면, 숨긴 물건을 찾는 놀이를 한다든가, 간식을 여러 개의 컵 사이에 숨기고 그중 하나를 맞추게 하는 놀이를 한다든가 하는 식으로 물건 찾기 놀이를 하는 것을 좋아하는 편입니다. 자신을 꾸며주면, 자신이 예쁜 줄 알고 더 예쁜 애교를 부리기도 합니다.

집사의 사주에서 가장 강한 오행이 화의 기운이거나, 금의 기운이라면 둘 사이의 에너지는 좋은 방향으로 흘러갑니다.

보석의 고양이

애교	★★☆☆☆
고집	★★★★★
똑똑함	★★★★☆
충성심	☆☆☆☆☆
지배력	☆☆☆☆☆
자기주장	★★☆☆☆
혼자놀기	★★★★★

 운명의 별이 금성인 고양이들에게 "보석(金)"은 자신과 같은 오행입니다. 따라서 금성 아래 태어난 고양이들의 사주에서 보석이란 독립성을 의미합니다.

 금성 아래 태어났으면서 금의 기운이 가장 강하다면, 이 아이는 공격성이 강할 수도 있습니다. 독립적이고 강하고 호쾌해 보이지만, 원한을 풀기 전까지 잊지 않습니다. 어떻게 보면 뒤끝 있는 성격처럼 보이지만, 원한을 풀면 뒤끝은 남지 않습니다. 성질이 날카롭고 금세 발톱을 세워서 상처 주기 쉬운 성향을 가지고 있습니다. 자신의 영역 의식이 강하고, 타인에게 간섭받는 것을 매우 싫어합니다. 어두운 장소에서 혼자서 고독을 즐깁니다. 가끔 집사에게 애교를 부릴 때도 있지만, 기본적으로 독립성이 강한 아이입니다. 집사를 자신의 동료나 친구로 생각하고 있습니다. 고양이한테 너무 많은 것을 간섭하면 고양이가 집사를 싫어하게 될 것입니다. 적당히 서로 간의 거리를 지키는 것이 중요합니다. 고양이의 공간과 집사의 공간을 분리하는 것을 추천합니다.

다묘 가정일 경우 이 아이가 첫째라면 동생을 들일 때, 동생에게 공격적인 성향을 보일 가능성이 높습니다. 반대로 이 아이를 입양하는 쪽이라면 기존에 데리고 있던 아이에게 공격적인 성향을 보일 수 있습니다. 둘의 사주를 비교해서 서로에게 좋은 영향을 주는 궁합이 좋은 사주라면 공격성 문제없이 사이좋게 지낼 것입니다.

집사의 사주에서 가장 강한 오행이 토의 기운이거나, 수의 기운이라면 둘 사이의 에너지는 좋은 방향으로 흘러갑니다.

물의 고양이

애교	☆☆☆☆☆
고집	★★★☆☆
똑똑함	★★★★☆
충성심	☆☆☆☆☆
지배력	☆☆☆☆☆
자기주장	★★★★★
혼자놀기	★★☆☆☆

　운명의 별이 금성인 고양이들에게 "물(水)"은 운명의 별이 도와주는 오행입니다. 따라서 금성 아래 태어난 고양이들의 사주에서 물은 표현력을 의미합니다.

　금성 아래 태어났으면서 물의 기운이 가장 강하다면, 냉정하고 머리도 좋고 똑똑한 고양이입니다. 고양이는 자신의 기분을 매우 사려 깊은 형태로 표현합니다. 영리하고 배려심 많은 성격 때문에 이 아이가 전생에 사람이 아니었을까 하는 의문이 들 수도 있습니다. 다묘 가정에서는 자연스럽게 첫째의 역할을 가집니다. 자신이 하는 행동이 어떻게 보일지 알고 행동합니다. 집사에게 어떻게 하면 더 예쁘게 보일지, 어떻게 하면 집사를 홀릴지 아는 똑똑한 아이입니다. 깨끗한 환경을 좋아하고, 브러쉬로 털을 단정하게 빗겨주면 좋습니다. 사람처럼 똑똑하고 다정다감한 아이입니다. 적당히 집사를 배려해주고, 적당히 자기가 바라는 것을 요구합니다. 예쁜 것보다는 편안함을 더 추구합니다. 부드러운 담요나 천 종류를 특히 좋아합니다. 목소리가 나긋나긋한 사람도 좋아합니다.

고양이가 자주 토할 때는 건강에 이상을 의심해야 합니다. 선천적으로 방광염에 걸리기 쉬운 체질입니다. 너무 과식하지 않도록, 이상한 것을 먹지 않도록 해주시고, 물을 잘 먹을 수 있도록 특히 신경 써 주시는 것이 좋습니다.

집사의 사주에서 가장 강한 오행이 금의 기운이거나, 목의 기운이라면 둘 사이의 에너지는 좋은 방향으로 흘러갑니다.

운명의 별
수성을
타고난 고양이

운명의 별이 수성인 경우, 각 오행이 나타내는 의미

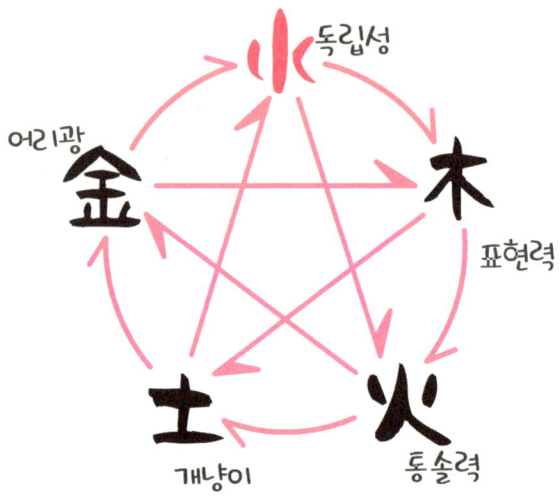

운명의 별이 수성인 고양이인 경우, 기본적으로 타고난 성향은 "물(水)"입니다. 물은 하늘에서 땅으로 떨어져 강을 따라 흘러 바다로 갑니다. 순응성과 유연함을 나타냅니다. 수성이라는 운명의 별을 타고난 고양이들은 기본 상황 파악 능력이 뛰어납니다. 사람의 기분을 읽는 능력도 뛰어나서 마음을 힐링해주는 능력도 기본 탑재되어 있습니다. 하지만 그 능력을 안 좋은 방향으로 쓰면, 집사의 기분을 긁는 데도 천재적입니다.

타인을 잘 신뢰하지 않습니다. 마음을 터놓을 때까지 시간이 걸리는 타입입니다. 타인이 하는 거짓말을 민감하게 알아차립니다. 고양이와 좋은 관계를 유지하고 싶으면 고양이에게 거짓말을 하지 않는 것이 좋습니다. 한 번 마음을 열면 다정한 모습을 보여줍니다. 비교적 순종적이고 얌전한 편입니다. 다만 화를 낼 때는 무섭게 난리를 치는 편이니, 주의해주세요. 그런 점만 주의하면 얌전하고 착하고 똑똑한 고양이가 집사를 다정하게 보살펴 줄 것입니다.

기본적으로 청결함을 좋아하고, 깨끗하고 편안한 환경을 선호하는 경향이 있습니다. 친하게 지내기 위해서는 집안 청소에도 신경을 써야 합니다. 대충 청소를 하거나, 싫은 데 억지로 청소하는 것을 금세 눈치채는 시어머니 기질을 가지고 있습니다.

운명의 별이 수성인 고양이를 기르게 되면, 집사에게 편안함과 흐름에 타는 힘의 영향 아래 있게 됩니다. 좋은 일이든, 나쁜 일이든, 막히지 않고 풀리는 힘입니다. 고양이와 궁합이 좋다면 이 힘의 영향을 보다 강하게 받게 될 것입니다.

나무의 고양이

애교	★★☆☆☆
고집	★★★☆☆
똑똑함	☆☆☆☆☆
충성심	☆☆☆☆☆
지배력	☆☆☆☆☆
자기주장	★★★★★
혼자놀기	★★★★☆

    운명의 별이 수성인 고양이들에게 "나무(木)"는 운명의 별이 도와주는 오행입니다. 따라서 수성 아래 태어난 고양이들의 사주에서 나무란 표현력을 의미합니다.

    수성 아래 태어났으면서 나무의 기운이 가장 강하다면, 이 아이는 자신의 의지를 고집스럽게 주장합니다. 어떤 의미에서는 외골수적인 면을 보입니다. 굉장히 보수적인 편으로, 새로운 장난감 등을 대할 때 굉장히 조심스럽습니다. 처음 보는 것보다는 익숙한 것, 오래된 것을 더 좋아합니다. 새 장난감에 관심이 없어 보여서 나중에 치우려고 하면, 그때 가지고 노는 편입니다.

표현이 스트레이트하고, 고집이 세기 때문에 새로운 무언가를 함부로 시도하기 힘든 타입입니다. 주위의 구심점으로써 행동하는 것을 좋아합니다. 새로운 것에는 조심스럽게 호기심을 표현합니다. 돌다리도 두드리고 건너보는 신중한 타입이지만, 호기심이 왕성합니다. 기억력이 좋아서 한 번 안 좋은 기억을 가지게 되면, 오래 갑니다. 고양이가 원한을 가지지 않도록 주의하는 것이 좋습니다.

집사와 궁합이 좋다면 집사는 쭉쭉 뻗어 나가는 힘의 영향을 받게 할 것입니다. 무언가를 하려고 마음먹으면, 그것을 실천하는 힘이 좋아지게 됩니다. 촉촉한 간식류는 고양이에게 에너지적으로 좋은 영향을 줍니다.

집사의 사주에서 가장 강한 오행이 수의 기운이거나 화의 기운이라면 둘 사이의 에너지는 좋은 방향으로 흘러갑니다.

불의 고양이

애교	★★☆☆☆
고집	☆☆☆☆☆
똑똑함	★★☆☆☆
충성심	★☆☆☆☆
지배력	★★★★★
자기주장	★★★☆☆
혼자놀기	☆☆☆☆☆

운명의 별이 수성인 고양이들에게 "불(火)"은 운명의 별이 공격하는 오행입니다. 따라서 수성 아래 태어난 고양이 사주에서 불은 통솔력을 의미합니다.

수성 아래 태어났으면서 화의 기운이 가장 강하다면, 좌충우돌 사고뭉치입니다. 그 사고를 수습하기 위해서 집사는 부지런히 움직여야 합니다. 언뜻 보면 주변을 안 보고 이리저리 움직여서 사고를 치는 것 같지만, 그 이면에는 철저한 계산이 숨어있습니다. 사고를 치고 해맑게 집사를 바라보고 있는 고양이를 보면 집사는 속이 뒤집히는 것 같지만, 그것도 역시 계산된 행동입니다. 집사가 혼내도 워낙 낙천적인데다가, 자신이 저지른 사고를 수습하는 집사의 모습을 보는 것을 좋아하기 때문에 새로운 사고를 칩니다. 얄미워도 집사를 바라보는 반짝거리는 눈빛 앞에 짜증이 누그러듭니다.

성격이 순하고, 천진난만한 것이 가장 큰 장점입니다. 사고를 치다가 크게 데여도, 워낙 성격이 좋아서 금방 낙천적인 모습을 보여줍니다. 미워하려야 미워할 수 없는 매력을 뿜어냅니다. 다만, 부주의하게 움직이는 타입이기 때문에 크게 다칠 수도 있습니다. 집 안에 고양이가 다치지 않도록 물건 배치에 주의하는 것이 좋습니다. 너무 높은 곳에 올라갔다가 부주의하게 내려오다 다칠 수도 있으므로 너무 높은 가구 배치는 좋지 않습니다.

집사의 사주에서 가장 강한 오행이 목의 기운이거나, 토의 기운이라면 둘 사이의 에너지는 좋은 방향으로 흘러갑니다.

대지의 고양이

애교	★★★☆☆
고집	☆☆☆☆☆
똑똑함	★★☆☆☆
충성심	★★★★★
지배력	★★☆☆☆
자기주장	☆☆☆☆☆
혼자놀기	★☆☆☆☆

운명의 별이 수성인 고양이들에게 "대지(土)"는 운명의 별을 공격하는 오행입니다. 따라서 수성 아래 태어난 고양이 사주에서 대지는 개냥이과의 특성을 의미합니다.

수성 아래 태어났으면 토의 기운이 가장 강하다면, 우직하게 주인을 따르는 개냥이입니다. 이런 사주를 가진 고양이들은 주인이 바뀌는 것을 매우 힘들어합니다. 만약 입양을 해야 하거나, 입양을 보낼 것이라면 신중하게 결정하셔야 합니다. 한번 주인으로 정한 분에게 애착을 가지며 집착하는 성향이 강합니다. 머리가 좋으므로 주인의 사정을 충분히 이해해주긴 하지만, 그것과 고양이의 마음은 별개입니다. 주인을 따르는 그 충직한 성향 때문에 머리로는 이해해도 마음으로 슬퍼합니다.

주인을 생각하는 마음이 너무 강한 나머지, 주인과 떨어져 있는 시간이 길면 아프기 쉽습니다. 주인과 충분히 교감을 가지는 시간이 필요합니다. 만약 집에서 재택근무를 하는 분이라면, 이 고양이와 함께 하는 것이 서로에게 큰 정서적인 안정감을 줄 수 있습니다.

고양이의 정서적 안정을 위해서는 페브릭 소재로 만들어진 장난감이 좋습니다. 폭신폭신한 쿠션 종류도 좋습니다. 영역을 넓히는 것보다는 기존의 영역에 안주하는 편입니다. 새로운 장난감, 사료, 간식보다는 기존에 익숙한 것을 좋아합니다.

집사의 사주에서 가장 강한 오행이 화의 기운이거나, 금의 기운이라면 둘 사이의 에너지는 좋은 방향으로 흘러갑니다.

보석의 고양이

애교	★★★★★
고집	★★☆☆☆
똑똑함	★★★☆☆
충성심	★☆☆☆☆
지배력	☆☆☆☆☆
자기주장	★☆☆☆☆
혼자놀기	★★☆☆☆

    운명의 별이 수성인 고양이들에게 "보석(金)"은 운명의 별을 도와주는 오행입니다. 따라서 수성 아래 태어난 고양이들의 사주에서 보석이란 어리광을 의미합니다.

    수성 아래 태어났으면서 금의 기운이 가장 강하다면, 좋아하는 마음을 그대로 표현하지 못하고, 시큰둥하게 표현하면서 부끄러워하는 성향을 가지고 있습니다. 괜히 집사 곁을 맴돌면서 쿨하게 있으면서 집사를 의식하는 듯, 의식하지 않는 듯 있다가 가끔 보여주는 과한 애정표현이 집사의 심장을 움켜쥡니다.

과하다 못해 조금 공격적인 애정표현을 하고 나면 다시 부끄러워하며 집사 곁을 맴돕니다. 다시 집사를 무시하는 듯하지만, 이 부끄럼 많은 어리광쟁이는 호시탐탐 집사에게 어리광을 부리는 순간을 노리고 있습니다.

화려한 장식품을 좋아합니다. 금속의 광택이나 보석의 반짝임, 유리구슬 같은 것이 고양이의 에너지 흐름을 좋게 만들어 줍니다. 한없이 귀엽고 사랑스러운 애교냥의 특성을 그대로 가지고 있습니다. 이 사주를 타고난 고양이는 미묘(美猫)가 많은 편입니다. 정성껏 꾸며준다면 고양이와 집사 사이가 더 깊어집니다. 집사의 내면에 숨겨진 매력이 밖으로 나올 수 있도록 도와줍니다.

집사의 사주에서 가장 강한 오행이 토의 기운이거나, 수의 기운이라면 둘 사이의 에너지는 좋은 방향으로 흘러갑니다.

물의 고양이

애교	★★★☆☆
고집	★★★★★
똑똑함	★★★☆☆
충성심	☆☆☆☆☆
지배력	☆☆☆☆☆
자기주장	★★☆☆☆
혼자놀기	★★★★☆

   운명의 별이 수성인 고양이들에게 "물(水)"은 자신과 같은 오행입니다. 따라서 수성 아래 태어난 고양이들의 사주에서 물이란 독립성을 의미합니다.

   수성 아래 태어났으면서 물의 기운이 가장 강하다면, 타인을 배려하는 사려 깊은 성격을 가지고 있으면서, 동시에 타인도 자신을 존중하길 바라는 성향을 타고났습니다. 혼자 있는 것을 즐깁니다. 타인이 무언가를 집중해서 할 때, 방해하지 않습니다. 그리고 집사에게도 자신을 방해하지 않을 것을 바라고 있습니다. 창틀에 앉아 창밖을 바라보는 것을 좋아합니다. 그것은 바깥에 대한 동경이 아니라, 무언가를 생각하는 과정입니다. 고양이로 태어났지만 똑똑한 머리를 타고난 이 아이는 상황을 파악하는 것을 즐깁니다.

이 사주를 타고난 고양이 중에는 성격이 나쁜 아이들이 많이 있습니다. 생각이 깊고 무엇을 생각하는지 얼굴에 잘 드러내지 않는 포커페이스입니다. 무표정하므로, 배려심 많고 상냥한 성격을 눈치채기 힘들 수 있습니다.

깨끗한 것을 매우 좋아하기 때문에, 화장실 청소 등이 제대로 되어 있지 않으면 집사에게 어처구니없는 방법으로 시위를 할 것입니다. 이런 부분에서 고양이의 타고난 성격 나쁨이 드러납니다. 깔끔한 것을 좋아하는 집사라면 서로 그런 부분이 잘 맞는 사이가 될 것입니다.

집사의 사주에서 가장 강한 오행이 금의 기운이거나, 목의 기운이라면 둘 사이의 에너지는 좋은 방향으로 흘러갑니다.

Tip.
경우의 수로
보는 사주

    사주에 쓰이는 글자는 8글자이고, 글자의 오행은 5가지입니다. 우리 조상들이 원하는 가장 이상적인 사주는 모든 오행이 골고루 포함되어 있는 것이라고 합니다.
    여기서는 사주의 8글자 중에서 오행이 차지하는 개수의 비율에 따라 어떤 식으로 사주를 읽을 수 있는지, 경우의 수를 따져보도록 하겠습니다.

¶ 표 안의 기호는 같은 오행을 나타냅니다.

★	★	★	★
★	★	★	★

한 가지 오행으로 된 사주는 무언가의 달인이라는 이미지입니다. 운명의 흐름에 막힘이 없으며 운명의 흐름대로 사는 것이 가장 잘 사는 사주입니다. 굉장히 드문 유형의 사주입니다.

★	★	◆	★
★	★	★	★

한 가지 오행의 힘이 매우 강하지만, 손톱 밑의 가시처럼 다른 오행 하나가 한 가지 오행으로 통일하고 싶어 하는 힘을 방해하고 있습니다. 7개를 가지고 있는 오행의 힘이 삶 전체에 강하게 나타나지만, 다른 오행 한 가지가 너무 신경 쓰이는 타입의 사주입니다. 이런 경우 아예 7개를 가지고 있는 오행의 힘을 더 강하게 해버리는 것이 더 좋습니다.

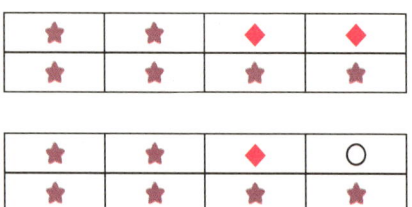

　위와 마찬가지로 한 가지 오행이 매우 강하지만, 신경 쓰이는 다른 오행이 눈에 밟히는 사주입니다. 강한 기운을 가진 오행보다 약한 기운을 가진 오행의 에너지에 더 신경이 쓰입니다. 자신이 잘하는 것보다, 못하는 것에 너무 신경을 쓴 나머지 잘하는 것에도 소홀해지기 쉬운 사주입니다. 다른 오행과의 관계가 서로를 도와주는 상생의 관계라면 그나마 괜찮지만, 서로를 공격하는 상극의 관계일 경우, 자신의 단점에 너무 신

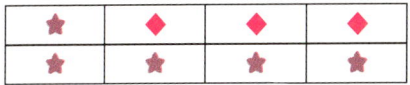

    중심이 되는 강한 기운과 그 기운보다 약하지만 나름대로 기운찬 기운으로 구성된 사주입니다. 약한 기운 쪽과 강한 기운 쪽의 관계를 봐야 하겠지만, 약한 기운 쪽이 강한 기운을 도와주는 관계라면 삶이 순탄하게 풀립니다. 반대로 강한 기운이 약한 기운을 공격하는 관계라면, 강한 기운을 제어하는 것이 없으므로 고삐 풀린 말처럼 삶의 흐름이 거칩니다.

• •

    중심이 되는 강한 기운이 다른 기운에 비해 너무 강하기 때문에, 독불장군 스타일입니다. 타인의 시선이나 의견에 신경 쓰지 않고 자신이 정한 그대로 밀고 나가는 것을 선호합니다. 어떻게 보면 시원하게 모든 것을 해나가지만, 주변 사람의 의견을 무시하고, 소수 의견을 무시하기 때문에 원성을 사기도 쉽습니다. Go my way~ 타입입니다.

★	◆	◆	◆
★	★	★	◆

　강한 오행이 두 개나 있습니다. 역시 이 두 오행의 관계가 어떠한지에 따라 달라지겠지만, 이렇게 강한 오행이 2개나 있으면 삶을 지배하는 원리가 2개나 있는 것과 다름없습니다. 사공이 많으면 배가 산으로 가는 것처럼, 삶을 지배하는 큰 힘이 수시로 간섭해오기 때문에 갈팡질팡하고, 의지력이 약하고, 무언가를 결정하는 것을 힘들어합니다. 때로는 자신감 넘치다가도, 이중인격처럼 소심한 성격이 나오는 등 상황과 그때그때 성격이 바뀌는 것처럼 보일 수도 있습니다.

• •

★	◆	◆	○
★	★	★	◆

　중심이 되는 강한 기운과 그것을 밑받침해주는 튼튼한 구조의 사주입니다. 이런 사주를 가지면 성격이 진취적이면서, 다른 사람의 말도 잘 듣고, 행동력도 있을 가능성이 높습니다. 삶의 중심이 확실하므로 망설임도 적습니다.

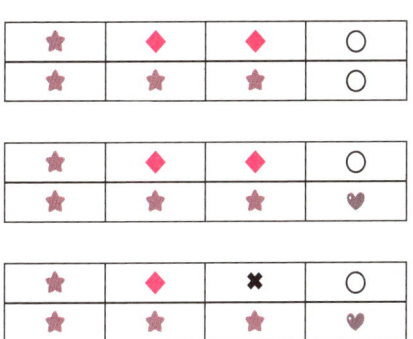

　중심이 되는 강한 기운과 그 기운을 보좌하는 기운을 가진 사주입니다. 각각의 오행이 도와주는 방향으로 흐르고 있다면, 삶이 순탄합니다. 하나의 재능을 중심으로 다른 분야에도 재능을 보이는 다재다능한 사주입니다.

★	♦	♦	○
★	★	♦	○

★	♦	♦	○
★	★	♡	♦

이 사주는 우유부단합니다. 우유부단한 성격을 타고났다기보다는, 끊임없이 삶을 지배하는 오행의 에너지가 시시때때로 바뀝니다. 무언가를 하기로 마음먹고 시작했지만, 곧 다른 에너지가 나타나서 다른 길로 인도하려고 합니다. 제일 적은 개수의 오행이 어떤 오행을 응원하느냐에 따라 에너지의 강약이 달라지므로, 우유부단의 양상이 조금 달라집니다.

• •

★	♦	♦	○
★	★	♡	○

★	♦	♦	○
★	★	♡	✘

가장 강한 오행이 중심을 잡고 다른 오행들을 잡고 있습니다. 살짝 한쪽으로 치우친 오행이 삶을 한쪽으로 이끕니다. 그 힘에 저항하기보다는 삶이 흘러가는 방향을 미리 알고 적극적으로 그 힘을 활용하는 것이 삶을 더 좋은 방향으로 풀립니다.

★	♦	♦	○
★	♥	♥	○

★	♦	♦	○
★	♥	♥	✘

 균등해 보이지만, 그래서 더 부족함이 돋보이는 사주입니다. 따라서 항상 세상 모든 존재는 무언가의 부족을 안고 살아갑니다. 이런 사주는 중심이 되는 오행이 없으므로 오히려 그런 부족함이 더 돋보입니다. 자신이 부족한 부분 때문에 항상 무언가 부족한 것 같고, 더 나은 무언가가 되려고 합니다. 그러나 그것은 환상과도 같아서 찾으려고 해도 찾을 수 없습니다. 부족하지만 전체적으로 오행의 흐름은 부드럽습니다. 그런 온화한 흐름을 잘 따라가면 순탄한 삶이 기다리고 있습니다.

4장
고양이와 집사의 궁합

고양이와 집사 궁합 첫 단계. 우리는 서로를 이롭게 한다?

 이제 고양이의 사주를 봤으니, 고양이와 집사의 궁합에 대해서 보도록 하겠습니다. 당연히 고양이 한 마리의 사주를 보는 것보다 고양이와 집사의 사주 궁합을 보는 것이 훨씬 어렵습니다. 여기에서 궁합이란 둘 사이의 상성을 의미합니다. 둘이 잘 맞을지, 둘이 같이 있는 것이 서로에게 도움이 될지, 또는 누군가가 다른 누군가에게 도움을 주는 사주인지를 봅니다. 반드시 성별이 반대일 필요는 없습니다.

 이 장에서도 초보자분들이 쉽게 궁합을 볼 수 있도록 쉽고 간단하게 설명할 것입니다. 하지만 사주를 본다는 것 자체가 어려운 일입니다. 어려운 것을 쉽게 설명한다는 것은 어려운 것을 어렵게 설명하는 것보다 훨씬 힘든 일입니다.

저도 사주를 처음 배웠을 때는 정말 힘들어하면서 배웠던 기억이 있습니다. 하지만 이 책을 보시는 분들은 그렇게 힘들지 않아도 재미있고 간단하게 사주를 볼 수 있도록, 사주에 흥미를 느끼셨으면 하는 마음에 지금도 단어를 고르고 있습니다.

먼저 간단하지만, 잘 어울리는 궁합부터 알려드리겠습니다.

운명의 별이여, 우리 사이를 축복해주세요

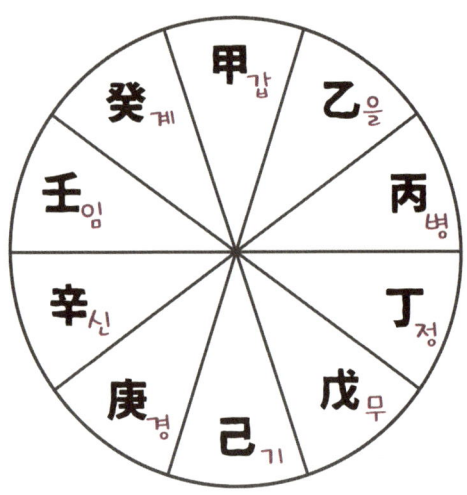

앞에서 운명의 별이 어떤 자리에 있는지에 대해서 설명했습니다. 저는 간단하게 운명의 별이 어떤 오행을 가지는가에 따라 목성, 화성, 토성, 금성, 수성이라고 불렀지만, 본래 운명의 별에는 10가지 이름이 붙어있다는 것을 떠올려 보세요.

갑(甲) · 을(乙) · 병(丙) · 정(丁) · 무(戊)
기(己) · 경(庚) · 신(辛) · 임(壬) · 계(癸)

운명의 별자리에는 이 10개의 글자 중에 한 글자가 선택되어 있습니다. 그런데 이 운명의 별끼리 서로 좋아하는 별이 있습니다. 사이가 좋은 별을 타고난 사이는 무조건 궁합이 좋습니다. 왜냐하면, 둘의 운명에 강한 영향을 미치는 운명의 별이 서로 호응하면서 에너지의 교류가 일어나기 때문입니다.

궁합이 좋다는 것은 둘 사이의 에너지 교류가 활발하다는 것입니다. 사이가 나쁘다면, 둘 사이에 에너지 교류가 거의 일어나지 않거나, 에너지가 서로를 공격하는 형태를 하고 있습니다.

그럼 서로 사이가 좋은 운명의 별을 소개합니다.

갑(甲) ♥ 기(己)
을(乙) ♥ 경(庚)
병(丙) ♥ 신(辛)
정(丁) ♥ 임(壬)
무(戊) ♥ 계(癸)

만약 운명의 별이 갑(甲)인 고양이와 운명의 별이 기(己)인 집사의 궁합을 본다면? 더 볼 것도 없이 이 둘이 궁합은 무조건 좋습니다. 둘이 같이 있는 것만으로 둘 사이의 에너지 교류가 활발해지고, 서로에게 좋은 영향을 주게 됩니다. 집사의 운명이 별이 갑(甲)이고, 고양이의 운명의 별이 기(己)여도 마찬가지입니다. 운명의 별의 순서는 상관이 없습니다. 물론 사주를 본격적으로 본다면 운명의 별 중 왼쪽 것을 가졌느냐, 오른쪽 것을 가졌느냐에 따라 차이가 있습니다. 하지만 거기까지 보기 시작한다면 너무 어려워집니다. 우리는 5가지의 서로 좋아하는 운명의 별 조합을 안 것으로 만족하도록 합시다.

이렇게 운명의 별을 봤을 때, 운명의 별이 서로를 좋아하는 관계라면 자연스럽게 굉장히 좋은 관계를 맺게 될 확률이 매우 높습니다. 만약 궁합을 본다면, 일단 제일 먼저 운명의 별을 보도록 합니다. 집사와 고양이뿐만 아니라, 고양이와 고양이 궁합, 사람과 사람 궁합을 볼 때도 제일 먼저 살피는 것이 바로 운명의 별이 서로를 좋아하고 있느냐 입니다.

이제 운명의 별의 서로를 좋아하고 있는지 아닌지를 살폈으면 그다음 단계로 가도록 합니다.

고양이와 마찬가지로, 집사도 자신의 사주를 보고, 어떤 오행이 자신에게 가장 많은지 확인해보세요. 고양이의 사주에서 가장 강한 오행이 무엇인지, 집사의 사주에서 가장 강한 오행이 무엇인지 알아봤으면, 다음 페이지로 넘어갑시다.

집사와
나무의 고양이

나무의 기운이 가장 강한 고양이와 나무의 기운이 가장 강한 집사

고양이와 집사의 가장 강한 기운이 나무(木)의 기운으로 같은 경우가 있습니다. 이런 경우는 둘의 기운이 같으므로 친구같이 허물없는 사이입니다. 서로가 크게 도와주는 관계는 아니지만, 같은 오행이므로 매우 편안합니다.

나무의 기운은 밖으로 뻗어가는 기운입니다. 둘이 같이 있으면 목의 기운이 조금 강해집니다. 일할 때, 추진력이 강해집니다. 다만 고집도 같이 세지기 때문에 남의 말을 잘 안 듣는 단점이 더 부각될 수 있습니다. 다른 사람과 같이 일을 하는 분이라면 추진력이 강해지지만, 고집도 그만큼 세지기 때문에 안 좋을 수 있습니다. 하지만 프리랜서로 일하고 계신다면 더 좋습니다.

둘의 궁합을 좋게 하는 색은 녹색, 연두색 계통입니다. 고양이의 옷이나, 밥그릇 색, 러그, 집의 커튼이나 쿠션 커버 등 고양이와 집사가 주로 머무는 곳의 색을 녹색 계통으로 바꿔두면 둘 사이의 궁합이 더 좋아집니다.

나무의 기운이 가장 강한 고양이와 불의 기운이 가장 강한 집사

고양이의 사주에서 가장 강한 오행이 나무(木)이고, 집사의 사주에서 가장 강한 오행이 불(火)이라면, 고양이가 집사를 도와주는 궁합입니다. 고양이와 만나고 나서 일의 진행이 빨라지거나, 도와주는 사람을 잘 만나는 식으로 좋은 일들이 많이 일어나지 않나요? 당신과 고양이와 만남이 당신을 좋은 쪽으로 이끌어주면서 생기는 현상입니다. 이런 경우 고양이의 기운이 집사의 기운을 더 강하게 만들어줍니다. 다만 너무 강하게 만들어준 나머지, 집사의 나서기 좋아하는 면을 더 강하게 해줄 수도 있습니다.

고양이가 집사를 도와주는 사이이므로 둘의 관계는 매우 좋은 편입니다.

둘의 궁합을 좋게 하는 색은 녹색과 붉은색의 혼합색입니다. 고양이의 옷에는 녹색, 집안 분위기는 붉은색 소품을 쓰면 둘 사이의 궁합이 더 좋아집니다.

나무의 기운이 가장 강한 고양이와 대지의 기운이 가장 강한 집사

고양이의 사주에서 가장 강한 오행이 나무(木)이고, 집사의 사주에서 가장 강한 오행이 대지(土)라면, 고양이가 집사를 공격하는 궁합입니다. 이런 경우 고양이와 만나고 나서 자존심에 상처를 입거나, 일의 진행이 막히는 일이 종종 일어날 수 있습니다. 고양이의 기운 자체가 흉한 것은 아니지만, 집사에게 나쁜 쪽으로 작용합니다.

고양이가 집사의 에너지를 때리는 관계입니다. 집사는 왠지 고양이를 마냥 이뻐하지 못하고 고양이와 함께 있으면 귀엽지만, 한편으로는 불편함을 느낄 수 있습니다. 이런 경우 반드시 집사와 고양이 사이의 에너지를 중화시켜주는 요소가 필요합니다.

이 경우 둘 사이의 궁합을 좋게 하는 요소는 불(火)의 기운입니다. 고양이의 옷과 집 인테리어 소품, 그리고 당신이 즐겨 입는 옷의 색상이나, 액세서리 색상에 붉은색을 늘리세요. 불의 기운을 상징하는 붉은색이 당신과 고양이 사이의 에너지 요소가 좋은 쪽으로 흐르도록 도와줍니다.

결과적으로 이렇게 좋은 쪽으로 흐르는 에너지는 당신의 일이 더 잘 풀리도록 좋은 방향으로 인도해줍니다. 궁합이 안 좋다고 포기하지 말고, 사주 처방을 통해 더 좋은 방

나무의 기운이 가장 강한 고양이와 보석의 기운이 가장 강한 집사

고양이의 사주에서 가장 강한 오행이 나무(木)이고, 집사의 사주에서 가장 강한 오행이 보석(金)이라면, 집사가 고양이를 공격하는 궁합입니다. 이런 경우 집사와 고양이의 만남이 고양이에게 안 좋게 작용합니다. 시름시름 아프게 한다든가, 고양이 성격 중 안 좋은 부분이 강하게 나타날 수 있습니다. 고양이가 무심코 친 작은 장난이 최악의 경우로 나타나기도 합니다.

집사가 고양이의 에너지를 때리는 관계이므로, 고양이가 집사를 이유 없이 피하거나, 쉽게 친해지기 어렵습니다. 이런 경우 반드시 집사와 고양이 사이의 에너지를 중화시켜주는 요소가 필요합니다.

이 경우 둘 사이의 궁합을 좋게 하는 요소는 물(水)의 기운입니다. 고양이의 옷, 밥그릇, 집의 커튼이나 쿠션 커버 등, 즐겨 입는 옷과 액세서리에 검은색이나 짙은 남색을 늘리도록 합니다. 물의 기운을 상징하는 검은색과 짙은 남색이 당신과 고양이 사이의 에너지 요소가 좋은 쪽으로 흐르도록 도와줍니다.

    결과적으로 이렇게 좋은 쪽으로 흐르는 에너지는 고양이의 에너지를 더 좋게 바꿔줍니다. 고양이의 건강이 호전되고, 활발한 성격이 좋은 방향으로 드러나게 도와줍니다. 궁합이 안 좋다면, 사주 처방을 통해 더 좋은 방향으로 이끌어주도록 합니다.

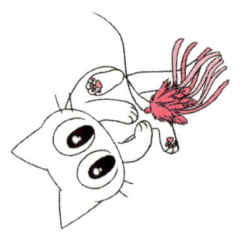

나무의 기운이 가장 강한 고양이와 물의 기운이 가장 강한 집사

고양이의 사주에서 가장 강한 오행이 나무(木)이고, 집사의 사주에서 가장 강한 오행이 물(水)이라면, 집사가 고양이를 도와주는 궁합입니다. 고양이를 입양하고 나면, 전에 있던 집에서보다 훨씬 건강하고 사려 깊은 모습을 자주 보여줄 것입니다. 다만 집사의 에너지가 고양이를 돕는 형태이므로, 집사는 왠지 모르게 고양이를 이기기 힘듭니다.

집사가 고양이를 도와주는 사이이므로 둘의 관계는 매우 좋은 편입니다.

둘의 궁합을 좋게 하는 색은 녹색과 검은색의 혼합색입니다. 고양이 옷에는 녹색, 집안 분위기는 검은색과 짙은 남색 위주의 소품으로 채우면, 둘 사이의 궁합이 더 좋아집니다.

집사와
불의 고양이

불의 기운이 가장 강한 고양이와 나무의 기운이 가장 강한 집사

고양이의 사주에서 가장 강한 오행이 불(火)이고, 집사의 사주에서 가장 강한 오행이 나무(木)라면, 집사가 고양이를 도와주는 궁합입니다. 고양이와 만나고 나서 고양이의 건강이 더 좋아지고, 고양이의 낙천적이고 활발한 성격이 더욱 돋보이게 됩니다. 다만 집사의 에너지가 고양이를 돕는 형태이므로, 집사는 왠지 모르게 고양이를 이기기 힘듭니다.

집사의 에너지가 고양이를 더 좋게 만들어주는 사이이므로 둘의 관계는 매우 좋은 편입니다.

둘의 궁합을 좋게 하는 색은 녹색과 붉은색의 혼합색입니다. 고양이의 옷에는 녹색, 집안 분위기는 붉은색 소품을 쓰면 둘 사이의 궁합이 더 좋아집니다.

불의 기운이 가장 강한 고양이와 불의 기운이 가장 강한 집사

고양이와 집사의 가장 강한 기운이 불(火)의 기운으로 같은 경우가 있습니다. 이런 경우 둘의 기운이 같으므로 둘은 친구같이 허물없는 사이입니다. 서로가 서로를 많이 도와주는 관계는 아니지만, 같은 오행이므로 서로에게 편안함을 느낍니다.

불의 기운은 한없이 뻗어 나가는 에너지입니다. 둘이 같이 있으면 화의 기운이 조금 더 강해집니다. 따라서 남의 말을 안 듣고 독불장군처럼 구는 성향이 강해질 수 있으므로 주의가 필요합니다. 태양의 환하고 밝은 에너지처럼 다른 사람들을 다정하게 감싸주는 구심점으로서의 힘을 발휘합니다.

둘의 궁합을 좋게 하는 색은 붉은색입니다. 고양이의 옷, 인테리어 소품, 액세서리로 붉은색을 즐겨 쓰시면 고양이와 집사 모두에게 좋은 영향을 발휘합니다.

불의 기운이 가장 강한 고양이와 대지의 기운이 가장 강한 집사

고양이의 사주에서 가장 강한 오행이 불(火)이고, 집사의 사주에서 가장 강한 오행이 대지(土)라면, 고양이가 집사를 도와주는 궁합입니다. 고양이와 만나면서 집사에게 좋은 일이 일어나기 시작합니다. 고양이의 기운이 집사의 기운을 더욱 강하게 발현할 수 있도록 도와주므로, 집사의 성격과 재능에서 좋은 점을 발현할 수 있도록 도와줍니다. 집사의 끈기와 근성이 높아지고, 행동력이 더 좋아집니다.

고양이가 집사를 도와주는 사이이므로 둘의 관계는 매우 좋은 편입니다.

둘의 궁합을 좋게 하는 색은 붉은색과 노란색의 혼합색입니다. 고양이의 옷과 용품은 붉은색 계통으로, 집안 소품과 옷, 그리고 액세서리는 노란색 계통으로 하면 둘 사이의 궁합이 더 좋아집니다.

불의 기운이 가장 강한 고양이와 보석의 기운이 가장 강한 집사

고양이의 사주에서 가장 강한 오행이 불(火)이고, 집사의 사주에서 가장 강한 오행이 보석(金)이라면, 고양이가 집사를 공격하는 궁합입니다. 이런 경우 고양이와 만나고 나서 집사의 판단력이 흐려지거나, 주변을 냉철하게 보는 이성의 빛이 약해질 수 있습니다.

고양이가 집사의 에너지를 때리는 관계이므로, 집사는 왠지 고양이를 마냥 이뻐하지 못하고 고양이와 함께 있으면 귀엽지만, 한편으로는 불편함을 느낄 수 있습니다. 이런 경우 반드시 집사와 고양이 사이의 에너지를 중화시켜주는 요소가 필요합니다.

이 경우 둘 사이의 궁합을 좋게 하는 요소는 대지(土)의 기운입니다. 고양이의 옷과 집 인테리어 소품, 그리고 당신이 즐겨 입는 옷의 색상이나, 액세서리 색상에 노란색을 늘리세요. 대지의 기운을 상징하는 노란색이 당신과 고양이 사이의 에너지 요소가 좋은 쪽으로 흐르도록 도와줍니다.

결과적으로 이렇게 좋은 쪽으로 흐르는 에너지는 당신의 일이 더 잘 풀리도록 좋은 방향으로 인도해줍니다. 궁합이 안 좋다고 포기하지 말고, 사주 처방을 통해 더 좋은 방향으로 나아갈 수 있습니다.

불의 기운이 가장 강한 고양이와 물의 기운이 가장 강한 집사

고양이의 사주에서 가장 강한 오행이 불(火)이고, 집사의 사주에서 가장 강한 오행이 물(水)이라면, 집사가 고양이를 공격하는 궁합입니다. 이런 경우 집사와 고양이의 만남이 고양이에게 안 좋게 작용합니다. 고양이의 건강이 안 좋아진다든가, 고양이 성격에서 안 좋은 부분이 강하게 나타나기도 합니다. 고양이가 너무 고집을 부려서 말을 안 듣는다던가, 사고만 친다든가 하는 식으로 안 좋은 사건을 종종 일으켜서 집사를 화나게 합니다.

집사가 고양이의 에너지를 때리는 관계이므로, 고양이가 집사를 이유 없이 피하거나, 쉽게 친해지기 어렵습니다. 이런 경우 반드시 집사와 고양이 사이의 에너지를 중화시켜주는 요소가 필요합니다.

이 경우 둘 사이의 궁합을 좋게 하는 요소는 나무(木)의 기운입니다. 고양이의 옷, 밥그릇, 집의 커튼이나 쿠션 커버 등, 즐겨 입는 옷과 액세서리에 녹색 계통을 늘리세요. 나무의 기운을 상징하는 녹색이 당신과 고양이 사이의 에너지가 좋은 쪽으로 흐르도록 도와줍니다.

    결과적으로 이렇게 좋은 쪽으로 흐르는 에너지는 고양이의 에너지를 더 좋게 바꿔줍니다. 고양이의 건강이 호전되고, 활발하고 천진난만한 성격이 좋은 방향으로 드러나게 도와줍니다. 궁합이 안 좋다면, 사주 처방을 통해 더 좋은 방향으로 이끌어주도록 합니다.

집사와
대지의 고양이

대지의 기운이 가장 강한 고양이와 나무의 기운이 가장 강한 집사

고양이의 사주에서 가장 강한 오행이 대지(土)이고, 집사의 사주에서 가장 강한 오행이 나무(木)라면, 집사가 고양이를 공격하는 궁합입니다. 이런 경우 집사와 고양이의 만남이 고양이에게 안 좋게 작용합니다. 고양이의 건강이 안 좋아진다든가, 고양이 성격에서 안 좋은 부분이 강하게 나타나기도 합니다. 고양이의 성격이 굉장히 소심해지고, 겁이 많아진다든가 하는 식으로 대지의 기운이 부정적으로 나타나게 됩니다.

집사가 고양이의 에너지를 때리는 관계이므로, 고양이가 집사를 이유 없이 피하거나, 쉽게 친해지기 어렵습니다. 이런 경우 반드시 집사와 고양이 사이의 에너지를 중화시켜주는 요소가 필요합니다.

이 경우 둘 사이의 궁합을 좋게 하는 요소는 불(火)의 기운입니다. 고양이의 옷, 밥그릇, 집의 커튼이나 쿠션 커버 등, 즐겨 입는 옷과 액세서리에 붉은색 계통을 늘리세요. 불의 기운을 상징하는 붉은색이 당신과 고양이 사이의 에너지가 좋은 쪽으로 흐르도록 도와줍니다.

  결과적으로 이렇게 좋은 쪽으로 흐르는 에너지는 고양이의 에너지를 더 좋게 바꿔줍니다. 고양이의 건강이 호전되고, 활발한 성격이 좋은 방향으로 드러나게 도와줍니다. 궁합이 안 좋다면, 사주 처방을 통해 더 좋은 방향으로 이끌어주도록 합니다.

대지의 기운이 가장 강한 고양이와 불의 기운이 가장 강한 집사

고양이의 사주에서 가장 강한 오행이 대지(土)이고, 집사의 사주에서 가장 강한 오행이 불(火)이라면, 집사가 고양이를 도와주는 궁합입니다. 고양이와 만나고 나서 고양이의 건강이 더 좋아지고, 고양이의 끈기 있는 행동력이 좋은 쪽으로 나타나게 됩니다. 다만 집사의 에너지가 고양이를 돕는 형태이므로, 집사는 왠지 모르게 고양이를 이기기 힘듭니다.

집사의 에너지가 고양이를 더 좋게 만들어주는 사이이므로 둘의 관계는 매우 좋은 편입니다.

둘의 궁합을 좋게 하는 색은 노란색과 붉은색의 혼합색입니다. 고양이의 옷에는 노란색을, 집안 분위기는 붉은색 소품으로 꾸미면 둘 사이의 궁합이 더 좋아집니다.

대지의 기운이 가장 강한 고양이와
대지의 기운이 가장 강한 집사

고양이와 집사의 가장 강한 기운이 대지(土)의 기운으로 같은 경우가 있습니다. 이런 경우 둘의 기운이 같으므로 둘은 친구같이 허물없는 사이입니다. 서로가 서로를 많이 도와주는 관계는 아니지만, 같은 오행이므로 서로에게 편안함을 느낍니다.

대지의 기운은 다른 오행 에너지를 중재해주는 평화로운 힘입니다. 동시에 한 번 움직이면 누구도 막을 수 없는 실행력을 나타내기도 합니다. 무언가를 하고자 할 때는 누구보다 빠르게 실행하는 강력한 실행력을 발휘할 수 있도록 도와줍니다.

둘의 궁합을 좋게 하는 색은 노란색입니다. 고양이의 옷, 인테리어 소품, 액세서리에 노란색을 즐겨 쓰면 고양이와 집사 모두에게 좋은 영향을 발휘합니다.

대지의 기운이 가장 강한 고양이와 보석의 기운이 가장 강한 집사

고양이의 사주에서 가장 강한 오행이 대지(土)이고, 집사의 사주에서 가장 강한 오행이 보석(金)이라면, 고양이가 집사를 도와주는 궁합입니다. 고양이와 만나면서 집사에게 좋은 일이 일어나기 시작합니다. 고양이의 기운이 집사의 기운을 더욱 강하게 발현할 수 있도록 도와주므로, 집사의 성격과 재능에서 좋은 점을 발현할 수 있도록 도와줍니다. 집사의 냉철한 판단력과 지적인 매력을 더 빛나게 해줍니다.

고양이가 집사를 도와주는 사이이므로 둘의 관계는 매우 좋은 편입니다.

둘의 궁합을 좋게 하는 색은 노란색과 흰색의 혼합색입니다. 고양이의 옷과 용품은 노란색 계통으로, 집안 소품과 옷, 그리고 액세서리는 흰색 계통으로 하면 둘 사이의 궁합이 더 좋아집니다.

대지의 기운이 가장 강한 고양이와 물의 기운이 가장 강한 집사

고양이의 사주에서 가장 강한 오행이 대지(土)이고, 집사의 사주에서 가장 강한 오행이 물(水)이라면, 고양이가 집사를 공격하는 궁합입니다. 이런 경우 고양이와 만나고 나서 집사의 주변 파악 능력이 떨어지고, 잡생각이 많이 들 수 있습니다.

고양이가 집사의 에너지를 때리는 관계이므로, 집사는 왠지 고양이를 마냥 이뻐하지 못하고 고양이와 함께 있으면 귀엽지만, 한편으로는 불편함을 느낄 수 있습니다. 이런 경우 반드시 집사와 고양이 사이의 에너지를 중화시켜주는 요소가 필요합니다.

이 경우 둘 사이의 궁합을 좋게 하는 요소는 보석(金)의 기운입니다. 고양이의 옷과 집 인테리어 소품, 그리고 당신이 즐겨 입는 옷의 색상이나, 액세서리 색상에 흰색을 늘리세요. 보석의 기운을 상징하는 흰색이 당신과 고양이 사이의 에너지 요소가 좋은 쪽으로 흐르도록 도와줍니다.

결과적으로 이렇게 좋은 쪽으로 흐르는 에너지는 당신의 일이 더 잘 풀리도록 좋은 방향으로 인도해줍니다. 궁합이 안 좋다고 포기하지 말고, 사주 처방을 통해 더 좋은 방향으로 나아갈 수 있습니다.

집사와
보석의 고양이

보석의 기운이 가장 강한 고양이와 나무의 기운이 가장 강한 집사

고양이의 사주에서 가장 강한 오행이 보석(金)이고, 집사의 사주에서 가장 강한 오행이 나무(木)라면, 고양이가 집사를 공격하는 궁합입니다. 이런 경우 고양이와 만나고 나서 집사의 기억력이 안 좋아질 가능성이 높습니다.

고양이가 집사의 에너지를 때리는 관계이므로, 집사는 왠지 고양이를 마냥 이뻐하지 못하고 고양이와 함께 있으면 귀엽지만, 한편으로는 불편함을 느낄 수 있습니다. 이런 경우 반드시 집사와 고양이 사이의 에너지를 중화시켜주는 요소가 필요합니다.

이 경우 둘 사이의 궁합을 좋게 하는 요소는 물(水)의 기운입니다. 고양이의 옷과 집 인테리어 소품, 그리고 당신이 즐겨 입는 옷의 색상이나, 액세서리 색상에 검은색을 늘리세요. 보석의 기운을 상징하는 검은색과 짙은 남색이 당신과 고양이 사이의 에너지 요소가 좋은 쪽으로 흐르도록 도와줍니다.

결과적으로 이렇게 좋은 쪽으로 흐르는 에너지는 당신의 일이 더 잘 풀리도록 좋은 방향으로 인도해줍니다. 궁합이 안 좋다고 포기하지 말고, 사주 처방을 통해 더 좋은 방향으로 나아갈 수 있습니다.

보석의 기운이 가장 강한 고양이와 불의 기운이 가장 강한 집사

고양이의 사주에서 가장 강한 오행이 보석(金)이고, 집사의 사주에서 가장 강한 오행이 불(火)이라면, 집사가 고양이를 공격하는 궁합입니다. 이런 경우 집사와 고양이의 만남이 고양이에게 안 좋게 작용합니다. 고양이의 건강이 안 좋아진다든가, 고양이 성격에서 안 좋은 부분이 강하게 나타나기도 합니다. 고양이가 매사에 무관심하고 의욕 없는 모습을 보여주기 쉬워집니다.

집사가 고양이의 에너지를 때리는 관계이므로, 고양이가 집사를 이유 없이 피하거나, 쉽게 친해지기 어렵습니다. 이런 경우 반드시 집사와 고양이 사이의 에너지를 중화시켜주는 요소가 필요합니다.

이 경우 둘 사이의 궁합을 좋게 하는 요소는 대지(土)의 기운입니다. 고양이의 옷, 밥그릇, 집의 커튼이나 쿠션 커버 등, 즐겨 입는 옷과 액세서리에 노란색 계통을 늘리세요. 대지의 기운을 상징하는 노란색이 당신과 고양이 사이의 에너지가 좋은 쪽으로 흐르도록 도와줍니다.

결과적으로 이렇게 좋은 쪽으로 흐르는 에너지는 고양이의 에너지를 더 좋게 바꿔줍니다. 고양이의 건강이 호전되고, 활발한 성격이 좋은 방향으로 드러나게 도와줍니다. 궁합이 안 좋다면, 사주 처방을 통해 더 좋은 방향으로 이끌어주도록 합니다.

보석의 기운이 가장 강한 고양이와 대지의 기운이 가장 강한 집사

고양이의 사주에서 가장 강한 오행이 보석(金)이고, 집사의 사주에서 가장 강한 오행이 대지(土)라면, 집사가 고양이를 도와주는 궁합입니다. 고양이와 만나고 나서 고양이의 건강이 더 좋아지고, 고양이의 똑똑함을 더 돋보이게 해줍니다. 다만 집사의 에너지가 고양이를 돕는 형태이므로, 집사는 왠지 모르게 고양이를 이기기 힘듭니다.

집사의 에너지가 고양이를 더 좋게 만들어주는 사이이므로 둘의 관계는 매우 좋은 편입니다.

둘의 궁합을 좋게 하는 색은 흰색과 노란색의 혼합색입니다. 고양이의 옷에는 흰색, 집안 인테리어는 노란색 소품을 사용하면 둘 사이의 궁합이 더 좋아집니다.

보석의 기운이 가장 강한 고양이와 보석의 기운이 가장 강한 집사

고양이와 집사의 가장 강한 기운이 보석(金)의 기운으로 같은 경우가 있습니다. 이런 경우 둘의 기운이 같으므로 둘은 친구같이 허물없는 사이입니다. 서로가 서로를 많이 도와주는 관계는 아니지만, 같은 오행이므로 서로에게 편안함을 느낍니다.

보석의 기운은 결실을 나타냅니다. 고양이와 함께하면서 당신의 일을 완성하기가 더 쉬워집니다. 무언가를 시작했을 때, 완성할 때까지 당신을 도와주는 바람이 당신의 뒤에서 당신을 밀어주는 기분을 받을 것입니다.

둘의 궁합을 좋게 하는 색은 흰색입니다. 고양이의 옷, 인테리어 소품, 액세서리로 흰색을 즐겨 쓰시면 고양이와 집사 모두에게 좋은 영향을 발휘합니다.

보석의 기운이 가장 강한 고양이와 물의 기운이 가장 강한 집사

고양이의 사주에서 가장 강한 오행이 보석(金)이고, 집사의 사주에서 가장 강한 오행이 물(水)이라면, 고양이가 집사를 도와주는 궁합입니다. 고양이와 만나면서 집사에게 좋은 일이 일어나기 시작합니다. 고양이의 기운이 집사의 기운을 더욱 강하게 발현할 수 있도록 도와주므로, 집사의 성격과 재능에서 좋은 점을 발현할 수 있도록 도와줍니다. 집사의 주변의 상황을 빠르게 파악하는 능력을 더욱 날카롭게 해주고, 사람들 사이의 분위기를 읽고 재치있게 행동할 수 있도록 도와줍니다.

고양이가 집사를 도와주는 사이이므로 둘의 관계는 매우 좋은 편입니다.

둘의 궁합을 좋게 하는 색은 흰색과 검은색의 혼합색입니다. 고양이의 옷과 용품은 흰색 계통으로, 집안 소품과 옷, 그리고 액세서리는 검은색 또는 짙은 남색 계통으로 하면 둘 사이의 궁합이 더 좋아집니다.

집사와
물의 고양이

물의 기운이 가장 강한 고양이와 나무의 기운이 가장 강한 집사

고양이의 사주에서 가장 강한 오행이 물(水)이고, 집사의 사주에서 가장 강한 오행이 나무(木)라면, 고양이가 집사를 도와주는 궁합입니다. 고양이와 만나면서 집사에게 좋은 일이 일어나기 시작합니다. 고양이의 기운이 집사의 기운을 더욱 강하게 발현할 수 있도록 도와주므로, 집사의 성격과 재능에서 좋은 점을 발현할 수 있도록 도와줍니다. 집사가 좀 더 똑똑하게 일을 잘하게 되고, 기억력이 좋아집니다.

고양이가 집사를 도와주는 사이이므로 둘의 관계는 매우 좋은 편입니다.

둘의 궁합을 좋게 하는 색은 검은색과 녹색의 혼합색입니다. 고양이의 옷과 용품은 검은색 또는 짙은 남색 계통으로, 집안 소품과 옷, 그리고 액세서리는 녹색 계통으로 하면 둘 사이의 궁합이 더 좋아집니다.

물의 기운이 가장 강한 고양이와 불의 기운이 가장 강한 집사

고양이의 사주에서 가장 강한 오행이 물(水)이고, 집사의 사주에서 가장 강한 오행이 불(火)이라면, 고양이가 집사를 공격하는 궁합입니다. 이런 경우 고양이와 만나고 나서 집사의 활기가 떨어지고 기운이 없어질 수 있습니다.

고양이가 집사의 에너지를 때리는 관계이므로, 집사는 왠지 고양이를 마냥 이뻐하지 못하고 고양이와 함께 있으면 귀엽지만, 한편으로는 불편함을 느낄 수 있습니다. 이런 경우 반드시 집사와 고양이 사이의 에너지를 중화시켜주는 요소가 필요합니다.

이 경우 둘 사이의 궁합을 좋게 하는 요소는 나무(木)의 기운입니다. 고양이의 옷과 집 인테리어 소품, 그리고 당신이 즐겨 입는 옷의 색상이나, 액세서리 색상에 녹색을 늘리세요. 나무의 기운을 상징하는 녹색이 당신과 고양이 사이의 에너지 요소가 좋은 쪽으로 흐르도록 도와줍니다.

결과적으로 이렇게 좋은 쪽으로 흐르는 에너지는 당신의 일이 더 잘 풀리도록 좋은 방향으로 인도해줍니다. 궁합이 안 좋다고 포기하지 말고, 사주 처방을 통해 더 좋은 방향으로 나아갈 수 있습니다.

물의 기운이 가장 강한 고양이와 대지의 기운이 가장 강한 집사

고양이의 사주에서 가장 강한 오행이 물(水)이고, 집사의 사주에서 가장 강한 오행이 대지(土)라면, 집사가 고양이를 공격하는 궁합입니다. 이런 경우 집사와 고양이의 만남이 고양이에게 안 좋게 작용합니다. 고양이의 건강이 안 좋아진다든가, 고양이 성격에서 안 좋은 부분이 강하게 나타나기도 합니다. 똑똑하던 고양이가 멍청한 행동을 자주 한다든가, 중요한 일을 하는 중에 눈치 없이 끼어들어 훼방하기 쉬워집니다.

집사가 고양이의 에너지를 때리는 관계이므로, 고양이가 집사를 이유 없이 피하거나, 쉽게 친해지기 어렵습니다. 이런 경우 반드시 집사와 고양이 사이의 에너지를 중화시켜주는 요소가 필요합니다.

이 경우 둘 사이의 궁합을 좋게 하는 요소는 보석(金)의 기운입니다. 고양이의 옷, 밥그릇, 집의 커튼이나 쿠션 커버 등, 즐겨 입는 옷과 액세서리에 흰색 계통을 늘리세요. 보석의 기운을 상징하는 흰색이 당신과 고양이 사이의 에너지가 좋은 쪽으로 흐르도록 도와줍니다.

    결과적으로 이렇게 좋은 쪽으로 흐르는 에너지는 고양이의 에너지를 더 좋게 바꿔줍니다. 고양이의 건강이 호전되고, 활발한 성격이 좋은 방향으로 드러나게 도와줍니다. 궁합이 안 좋다면, 사주 처방을 통해 더 좋은 방향으로 이끌어주도록 합니다.

물의 기운이 가장 강한 고양이와 보석의 기운이 가장 강한 집사

고양이의 사주에서 가장 강한 오행이 물(水)이고, 집사의 사주에서 가장 강한 오행이 보석(金)이라면, 집사가 고양이를 도와주는 궁합입니다. 고양이와 만나고 나서 고양이의 건강이 더 좋아지고, 고양이가 점점 스마트해집니다. 다만 집사의 에너지가 고양이를 돕는 형태이므로, 집사는 왠지 모르게 고양이를 이기기 힘듭니다.

집사의 에너지가 고양이를 더 좋게 만들어주는 사이이므로 둘의 관계는 매우 좋은 편입니다.

둘의 궁합을 좋게 하는 색은 검은색과 흰색의 혼합색입니다. 고양이의 옷에는 검은색 또는 짙은 남색, 집안 인테리어는 흰색 소품을 사용하면 둘 사이의 궁합이 더 좋아집니다.

물의 기운이 가장 강한 고양이와 물의 기운이 가장 강한 집사

고양이와 집사의 가장 강한 기운이 물(水)의 기운으로 같은 경우가 있습니다. 이런 경우 둘의 기운이 같으므로 둘은 친구같이 허물없는 사이입니다. 서로가 서로를 많이 도와주는 관계는 아니지만, 같은 오행이므로 서로에게 편안함을 느낍니다.

물의 기운은 다음을 대비한 휴식을 나타냅니다. 고양이와 함께하면 편안하게 지친 몸과 마음이 치유됩니다. 편한 잠을 잘 수 있습니다. 다음 스텝으로 나아가기 위한 충분한 휴식을 취함으로써, 활력을 되찾습니다.

둘의 궁합을 좋게 하는 색은 검은색 또는 짙은 남색입니다. 고양이의 옷, 인테리어 소품, 액세서리로 검은색 또는 짙은 남색을 즐겨 쓰시면 고양이와 집사 모두에게 좋은 영향을 발휘합니다.

5장
고양이 사주 예제

앞서 잠깐 소개했던 고양이 '하루'의 사주를 풀어보도록 할까요? 집사분이 하루의 정확한 생일은 모르지만, 입양일은 정확하게 알고 있으므로, 입양일을 기준으로 사주를 보도록 하겠습니다.

하루의 입양일 : 2016년 3월 2일 오후 6시

시	일	월	년
辛	癸	庚	丙
酉	未	寅	申

첫 번째로 확인해야 하는 것은 하루의 운명의 별입니다.

시	일	월	년
辛	癸	庚	丙
酉	未	寅	申

하루의 운명의 별자리에 있는 글자는 계(癸)므로 하루의 운명의 별은 수성입니다.

이제 하루의 사주에서 오행이 어떤 식으로 분포되어 있

는지 보도록 합니다.

시	일	월	년
辛 (金)	癸 (水)	庚 (金)	丙 (火)
酉 (金)	未 (土)	寅 (木)	申 (金)

목-1개 / 화-1개 / 토-1개 / 금-4개 / 수-1개

하루는 운명의 별이 수성이고, 금의 기운이 가장 강한 고양이입니다. 그럼 이제 3장 고양이 사주에서 운명의 별이 수성이면서 금의 기운이 가장 강한 보석의 고양이 파트를 읽어보도록 합니다.

하루는 좋아하는 마음을 솔직하게 표현하지 못하는 성향이 강합니다. 좋아하는 마음을 좋다고 표현하지 못하고 심술 궂게 표현해서 집사의 속을 썩이지만, 그 행동 속에는 좋아하는 마음이 가득 숨어있는 아이군요. 가끔 보여주는 과한 애정표현으로 집사의 짜증과 화를 잠재우고 순식간에 마음을 뺏는 어리광쟁이이기도 합니다.

그럼 하루와 집사와의 궁합을 보려면 어떻게 해야 할까요?

일단 하루가 금의 기운이 가장 강한 보석의 고양이라는 것은 알았습니다. 이제 다음 단계로 집사의 사주를 보고, 집사의 사주에서 가장 강한 기운이 무엇인지 찾아야 합니다.

하루의 집사님의 사주는 다음과 같습니다.

시	일	월	년
乙	庚	己	甲
酉	午	巳	寅

여기에서 집사의 사주에서 오행의 개수를 세기 전에 먼저 하루와 집사의 운명의 별이 무엇인지 살펴보겠습니다. 하루의 운명의 별은 계(癸), 집사분의 운명의 별은 경(庚)입니다. 안타깝게도 운명의 별끼리 서로 사랑하는 관계는 아닙니다. 그렇다면 하루의 집사님 사주에서 오행이 어떤 식으로 분포되어 있는지 세어 보도록 합니다.

시	일	월	년
乙 (木)	庚 (金)	己 (土)	甲 (木)
酉 (金)	午 (火)	巳 (火)	寅 (木)

목 - 3개 / 화 - 2개 / 토 - 1개 / 금 - 2개 / 수 - 0개

하루의 집사님은 목의 기운이 가장 강한 사주입니다. 그럼 이제 4장 고양이와 집사의 궁합에서 보석의 고양이와 집사에서 '보석의 기운이 가장 강한 고양이와 나무의 기운이 가장 강한 집사' 파트를 읽어봅니다.

이 경우 고양이 하루의 에너지가 집사를 공격하고 있습니다. 하루를 입양하고 나서 집사의 기억력이 나빠질 가능성이 높습니다. 집사는 하루를 귀엽다고 생각하지만, 어떨 때는 굉장히 얄미워서 어쩔 줄 모를 때가 있습니다. 하루가 자기를 싫어하는 것처럼 느껴지거나, 하루가 자신을 미워해서 괴롭힌다고 생각할 수 있습니다.

실제로 하루가 집사를 미워하거나, 싫어하는 것은 아닙니다. 다만 사주를 보니, 하루가 타고난 에너지가 집사가

타고난 에너지를 못살게 굴고 있으므로 그렇게 느낄 가능성이 높습니다. 하루와 집사가 오래오래 행복하려면, 이런 에너지 관계를 중화시켜줄 무언가가 필요합니다. 바로 물의 기운이 필요합니다. 집안의 분위기에 검은색이나 짙은 남색 요소를 많이 쓰고, 검은색과 짙은 남색 옷을 즐겨 입도록 합니다. 고양이 밥그릇, 러그를 검은색과 짙은 남색으로 바꾸도록 합니다. 물의 기운이 집사와 고양이 사이의 에너지 관계를 좋은 쪽으로 바꿔줍니다.

이렇게 에너지 관계가 좋아지면, 이번에는 고양이의 에너지가 집사를 도와주게 될 것입니다.

이런 식으로 고양이의 사주와 고양이와 집사 사이의 궁합을 볼 수 있습니다.

마치며 :: 이젠 나도 우리 고양이를 알고 있다

 사주의 심오한 세계를 사주를 전혀 모르는 초보자도 알 수 있게 써보자!

 사랑하는 고양이의 사주를 쉽고 재미있게 볼 수 있다!

 사주의 심오한 세계를 그대로 담으면 초보자가 볼 수 없는 책이 되어 버립니다. 사주의 심오함을 보여주고자 사주의 원리를 해설하고 있다면, 누구나 쉽게 볼 수 있는 사주책이 아니게 되어 버립니다.

 그래서 단어를 고르고, 어떻게 하면 쉽게, 사주를 전혀 모르는 사람도 사랑하는 고양이의 사주를 쉽고 간단하게 볼 수 있는지에 대해서 고민을 많이 했습니다. 그래서 내린 결론이 이 책에 있습니다. 사주의 원리원론에 관해 설명하기보다는, 사주 풀이에 중점을 뒀습니다.

굉장히 쉽고 간단하게 썼지만, 사주는 본래 어려운 것입니다. 단순하게 배우는 데만 몇 달이 걸리고, 깊은 수준으로 사주를 보기 위해서는 년 단위의 노력이 필요합니다. 타로카드나 펜듈럼보다 배우는 데 시간이 오래 걸리고, 활용하는 것이 복잡한 기예입니다.

쉽게 설명하는 것이 더 어려운 사주 공부. 그래서 사주 중에서 비교적 쉬운 오행의 개수로 보는 사주 풀이법으로 설명을 하기로 했습니다.

사주 용어에서 조금이라도 어려워 보이는 말들은 과감하게 받아들이기 쉬운 말로 대체하고, 간략화했습니다. 다른 말로 대체하기 어려운 용어는 그대로 쓰긴 했지만, 큰 비중이 없도록 축소했습니다.

특히 궁합 부분을 설명하기 위한 고민이 제일 컸습니다. 본래 궁합은 두 사주를 동시에 보는 것이라 더 어려운 부분입니다. 이 부분을 어떻게 하면 쉽게 설명할 수 있을지……

간략화, 축소, 일반화를 하면서도 사주의 큰 틀을 벗어나지 않으면서 그 내용을 전달하게 하기까지 정말 많은 시간을 보냈습니다. 그뿐만 아니라 저에게 사주를 가르쳐주신 선생님들께도 여러 번 자문을 구했습니다.

쉽고 간단하지만, 그 안에는 깊은 사주의 통찰이 녹아있는 책을 만들자.

굉장히 어려운 프로젝트였지만 드디어 완성해서 기쁩니다. 내용은 고양이 사주지만, 그 안에 녹아 들어가 있는 사주의 내용은 절대 하찮은 것이 아닙니다. 나중에 기회가 된다면, 좀 더 본격적인 사주의 원리까지 해설하는 사주냥 고급편을 내고 싶습니다.

이 책을 쓰기까지 많은 연구를 했지만, 이 시간이 저의 사주 실력을 더욱 높여준 것 같습니다.

여러분도 이 책을 통해 쉽게 고양이의 사주를 보고, 사주에 대해 관심을 가지셨으면 합니다.

이 책을 쓸 때 도움을 주신 박한진 선생님, 채성훈 선생님 감사드립니다.

사주  냥

펴낸 날 : 초판 1쇄 2017년 5월 25일
지은이 : 정소연
편집 · 디자인 : 별하나
일러스트 : 별하나, 정유리
표지 일러스트 : 정유리
기획 : 박한진
감수 : 채성훈
출판사 : 원석이야기
주소 : 서울특별시 서초구 동광로 18길 82
이메일 : inari0208@gmail.com
ISBN : 979-11-959197-0-3 03180
가격 : 24,000원

▶ 판권표시
이 책은 저작권법에 따라 보호받는 독창적인 저작물이므로 무단전재와 무단복제를 일체 금하며, 이 책의 내용 전부 또는 일부를 이용하려면 반드시 저작권자와 원석이야기의 서면 동의를 받아야 합니다.
▶ 잘못 만들어진 책은 구입한 서점에서 교환해드립니다.

「이 도서의 국립중앙도서관 출판예정도서목록(CIP)은 서지정보유통지원시스템 홈페이지(http://seoji.nl.go.kr)와 국가자료공동목록시스템(http://www.nl.go.kr/kolisnet)에서 이용하실 수 있습니다.(CIP제어번호: CIP2017011950)」